Fr. X. Weithmann

Münchener Schalk

Fr. X. Weithmann

Münchener Schalk

ISBN/EAN: 9783959132268

Auflage: 1

Erscheinungsjahr: 2017

Erscheinungsort: Treuchtlingen, Deutschland

*Literaricon Verlag UG (haftungsgeschränkt), Uhlbergstr. 18, 91757
Treuchtlingen. Geschäftsführer: Günther Reiter-Werdin, www.literaricon.de.
Dieser Titel ist ein Nachdruck eines historischen Buches. Es musste auf alte
Vorlagen zurückgegriffen werden; hieraus zwangsläufig resultierende
Qualitätsverluste bitten wir zu entschuldigen.*

Printed in Germany

Münchener Schalk.

(Sonntags-Beilage zum „Volksfreund".)

III. Jahrgang. **Nr. 1.** 4. Jan. 1863.

Blätter.

Im Herbst und in der Winterzeit, —
Da fallen Blätter weit und breit —
So **gelb und schwarz** — so **schwarz und weiß**, —
Der Freiheit kalter Todesschweiß!
Das macht der grimme, rauhe Nord,
Der lechzet nach der **Blätter Mord**. —
In all den Sturm, in all den Graus
Schaut lächelnd nur der Schalk hinaus.
Er weiß: hat's tüchtig **ausgeschneit**,
Ist auch der **Frühling** nimmer weit;
Er bleibt der **Lieblingsfarbe** hold —
Dem guten deutschen „**Schwarz-Roth-Gold**."

Ankündigung.

Im Laufe dieses Jahres wird erscheinen:

Merkwürdige Erinnerungen eines Hofnarren,

dessen Erlebnisse und Abenteuer an mehreren fürstlichen und prinzlichen Höfen, hoher Personen Liebes- und Leidens-Geschichten und verschiedentliche Kurzweil und Langweil.

Ein kleiner Beitrag zur Geschichte der Herren von — weiß nicht Wessen Gnaden?

Was hat sich geändert?

Der König von Preußen sagte einer sogenannten Loyalitäts-Deputation unter Anderem:

„Ich bin immer der Alte, nur die Kammern haben sich geändert."

Zur Bestätigung dessen sage ich, daß Diejenigen allerdings sehr dumm waren, welche glaubten, daß sich der Mann geändert habe. — — —

Daß sich aber die Kammern geändert haben, das weiß ich!

Glatzmayer,

neuester Kammerbewohner in München.

Neueste Nachrichten.

Um den Genuß des Münchner Publikums am Ballette noch zu erhöhen, sollen einige Springer von Kunstreiter= und Seiltänzer=Gesellschaften gewonnen werden. —

Statt der wässerigen Verhandlungen des großdeutschen Vereines soll die Angelegenheit wegen des guten Wassers noch 1863 besprochen werden. —

Der Sultan in Constantinopel, dessen Geisteskrankheit immer im Zunehmen ist, bildet sich ein, daß sein Serail und sein Harem in Flammen aufgehen werde und soll sich deßhalb einen feuerfesten Bachmann'schen Schrank bestellt haben. —

Der preußische Ministerpräsident von Bismark=Schönhausen, früher Salonritter und Damenstieflettenzieher zu Paris, äußerte bekanntlich: „Die heutige Journalistik ist in den Händen von Juden und Solchen, welche ihre Carriere verfehlt haben." — Da nun kaum auf 100 Redakteure Ein Jude trifft und da Redakteure schon Minister wurden und besser regierten als schulgezogene Bureaukraten und Kanzleiritter, so ist bewiesen, daß Herr Bismark entweder nichts weiß, oder **nicht rechnen** kann, folglich **unzurechnungsfähiger Minister** in der That ist, wie hier bewiesen. —

Da die beiden nächsten Auflagen des „Münchner Dichter= buchs" nicht mehr abgesetzt zu werden scheinen, so zerfällt auch der Plan eines größeren Formats, um einen reißenderen Ab= satz zu erzwecken.

Andersen's Anleitung zum Schachspiele soll in Preußen verboten werden, weil in diesem Buche gelehrt wird, wie man **Könige matt** macht und **Bauern vorwärts** schiebt.

Einige Buchhändler beschließen von den fernern literarischen Erscheinungen der Crocodilsbrüder immer gleich die dritte Auflage drucken zu lassen.

Bei der krankhaften Sucht, sich schon zu Lebzeiten Monumente setzen zu lassen, damit die Nachwelt nicht erst die Verdienste abzuwägen braucht, beabsichtigt der Schillerverein für seine Zunftbrüder eine Ruhmeshalle zu bauen, während der Kaiser von China in Erwägung der chinesisch-literarischen Zustände seines Reichs für alte, ächte und wahre Dichter, deren unverdientes Loos stets das Elend ist, ein Hospital zu errichten gedenkt.

Die Kaiserin Eugenie liebt die Anzüglichkeiten so leidenschaftlich, daß sie drei Mal täglich ein neues Kleid anzieht. Mehrere Frauen von Subalternbeamten sollen auf Grund ihrer Aufbesserung um die abgelegten Kleider gebeten haben, damit sie ihre Blößen kaiserlich bedecken könnten.

Der deutsche Michel hat sich in seiner Leibapotheke zu Frankfurt a/M. in der Eschenheimergasse ein schwarzes Mutterpflaster gekauft, dasselbe auf ächte deutsche Bielefelder Leinen gestrichen und damit das Geschwür des französischen Handels-Vertrags belegt, in der Hoffnung es werde dadurch nach Außen aufbrechen. Dr. Bismark zweifelt an solchem Erfolge und meint, es werde sich verhärten oder seinen Giftinhalt nach Innen entleeren.

Napoleon will durch eine französische Diktatur die Civilisation nach Mexiko tragen und sollte diese nicht ausreichen, mit schwerem und betrübtem Herzen selbst zur Bildung eines französischen Königreiches schreiten.

Die Politiker.

Langöhrle: „Das sag' ich Ihnen: die demokratische Presse muß vernichtet werden!"

Schlappohr: „Die Demokraten müssen alle in's Zuchthaus!"

Distelberger: „Alles muß vernichtet werden, was nicht unserer Gesinnung ist."

Langöhrle: „Dann wird's erst wieder schön auf der Welt."

Alle Drei: „O glücklicher Zustand des Paradieses!"

Schlappohr: „Aber — im Paradies waren doch nur zwei Menschen und sonst lauter Viecherl?"

Feine Auffassung.

Dipfler: „Nun, dem Sultan soll ja sein Geist abhanden gekommen sein?"

Dapfler: „„Unter seinen europäischen Kameraden wird er den Dieb wohl nicht suchen?""

Doppelbild aus China..

Funktionär: Bitte, Excellenz, ich habe sieben lebende Kinder und nur 500 fl., bin 20 Jahre im Dienst, ich kann mich nicht mehr ehrenhaft fortbringen, nur 50 fl. Zulage jährlich würden etwas helfen.

Minister: Ich habe mich bereits ausgesprochen, ich kann nichts thun, es sind keine verfügbaren Mittel da. Uebrigens, wenn Sie auch sieben Kinder haben, es ist zum Auskommen mit 500 fl. Es fehlt jedenfalls am geregelten Haushalte.

Ministerialrath: Ich bin gekommen, Excellenz! für die 300 fl. Babunterstützung zu banken und nun auch zu bitten, mir die Zulage von 500 fl. jährlich zu dekretiren, denn ich habe zwei Kinder und da geht Alles auf.

Minister: Ja, das weiß ich, mein Lieber, ist Alles schrecklich theuer. Nun, Sie bekommen Ihre 500 fl. Zulage, es sind ja die Mittel da, es ist so rein nicht mehr zum Auskommen, wenn man auch den geregeltsten Haushalt führt. Adieu!

— · ·——

Am Biertische.

Spängler Blechhuber: Da habe ich jetzt in der Zeitung gelesen, daß bei der großen Jagd, die Napoleon in Fervières abhielt, abgerichtete Papageyen losgelassen wurden, welche mitten unter den tödtlichen Schüssen riefen: „Vivo l'empereur!"

Drechsler Holzkugel: Das ist aber doch mehr als herzlos, daß ist ja bald, wie beim Kaiser Nero.

Spängler Blechhuber: Er will halt sehen, wie weit mans treiben kann. Mit dem Cäsar ist er jetzt fertig, jetzt wird er vielleicht den Nero anfangen.

———

Curioser Vergleich.

Knix: Ich weiß nicht, was das jetzt für eine Geld-teilerei in dem Theater ist. Jetzt ist die Oper „Faust" doch schon lang bezahlt und immer noch erhöhter Eintritt.

Knax: Nun, so lange das Publikum so drängt, wäre der Intentant dumm, wenn er nicht hohe Preise hielte. Macht es ja der Stiefelwichser auch so, wenn Alles andrängt, verlangt er auch das Doppelte.

Knix: Nun, zwischen dem Leiter einer Kunstanstalt und einem Stiefelwichser ist, glaube ich, doch ein Unterschied?

Knax: Wie so? Der Eine richtet das Theater auf den Glanz her und der andere den Stiefel, der Erstere wird von Oben, der Andere wird von Unten festgehalten und wäh-rend der Eine stehen bleibt, kommt man mit dem Andern vor-wärts.

Knix: Sie sind schon a Teufelskerl mit ihre G'spaß'ln! — Aber sind's doch ja recht still, denn — izt trau' ich kei-nem . . . . Teufel mehr.

Auf dem Markte.

Nanni: „Was hast denn Du da für Kerzen?"

Kathi: „„Dös san Paraffinkerzen.""

Nanni: „Herr je, die san ja ganz durchsichtig."

Kathi: „Ja woaßt, bei uns is Alles durchsichtig: die gnä Fra, die drei Fräul'n und das Brod und Fleisch, dös von 3 Vierling für mi übrig bleibt.""

Nanni: „Nu, was mogst aber a in an solch'n Vixl-dienst geh'n."

Kathi: „„No, woaß ma's denn, wenn's ausschreiben: an feinen Platz, daß damit die feinen Fleisch- und Brod-stückeln meinen?""

Nanni: „„Kannst D'r denn a so nix mach'n?"

Kathi: „„Ah! sie bleiben ja selber Alles schuldig.""

Im Bräuhause.

Kugelmeyer: „No du, a Bierbrauer is ja im gro
utschen Verein a in Ausschuß g'wählt word'n!"

Biermayer: „„Da g'hört sei' Bier a dazu, zu
usschuß.""

Kugelmeyer: „G'hört der Fabrikant a scho' hin, be
r sorgt ja, wie's der großdeutsche Verein gern hat, daß
olk nüchtern bleibt.

Danksagung & Empfehlung.

Allen Denen, die auch in der Voraussicht meines
preßfreiheitvergänglichen Festungsarrestes
in ihrem Vertrauen nicht wankten und sich frisch und
frei abonnirten — herzlichen Dank! Ihnen und allen
noch Zaubernden und Zagenden zum Troste sei es gesagt, daß der

Münchener Schalk

auch in den Festungsmauern mit dem

Volksfreund

Hand in Hand seine treuen Anhänger besuchen und die
frohe Botschaft vom freien Worte verkündigen
wird. Es empfiehlt sich demnach zum fortgesetzten fleißigen
Abonnement in Nah und Fern

der Eigenthümer & Redakteur
als Festungssträfling
in spe.

F. X. Weithmann, verantwortlicher Redakteur.
Druck der J. Deschler'schen Buchdruckerei.

Münchener Schalk.

(Sonntags-Beilage zum „Volksfreund".)

III. Jahrgang.   *Nr. 2.*   11. Jan. 1863.

Und sie freuten sich über alle Maßen, wähnend, daß er gefangen sei. — Er aber zog sich in eine sichere Höhle zurück und lachte ihrer. — — —

Die Freude der Ungerechten währet nur kurze Zeit.

Merkwürdige Erinnerungen
eines Hofnarren.

Saß mein gnädiger Gebieter mit seinem Herren Vetter beim funkelnden Rheinwein und waren gar munter und guter Laune; waren auch beide recht leutselige Herren und mochten ihre Diener wohl leiden und behandelten sie gut, wenn nicht üble Laune sie plagte, wo's wohl manchmal einen Fußtritt oder einen Peitschenhieb eintrug. Geschah aber doch mit dem Unterschied, daß man nachher ein paar blanke Thaler klingen hörte, wenn's im obern Stock wieder schön Wetter war, während jetzt bei den Gnädigen mehrentheils die Knauserei mit den civilisirten Fußtritten wechselt. — Saßen also beisamen, tranken und trieben Kurzweil. Bedienten sie auch zwei wunderschöne Mägdlein, die mein Gnädiger aus Holland mitgebracht hatte, und ich saß in der Ecke und half die Flaschen leeren. „Narr! sagte mein Herr, ich weiß nicht, für was ich dich füttere? Du hockst in der Ecke und säufst; man hört nichts von Gespäßen." „„Gevatter, sagt' ich, sei nicht undankbar! Muß ich mich nicht abquälen, daß Du und Dein Vetter nicht sternbesoffen wirst. Trink ich doch allein schier zwei Flaschen, bis Ihr beide eine. —"" Während dem trat ein über und über bestaubter Bote mit einem schwarz gesiegelten Schreiben an den Vetter ein. „Was, zum Teufel! soll's denn heute noch in später Stunde mit dem Brief da, — rief er unwirsch, — sei so gut, Vetter! und lies den Wisch." Da stand nun d'rin, daß der Vetter-Herzog im drübern Lande gestorben sei und der Vetter allsfort die Regierung anzutreten habe. „Gratulier' zur Erbschaft, sprach mein Gnädigster; — ein schönes Ländlein nnd reiche Einkünfte! Bruder, sollst leben!" — „„Scheer mich wohl den Teufel um Land und Regierung! — rief der Herr Vetter; — Deine sechs Schimmel wären mir lieber als diese ganze Pastete."„ „Top! es soll gelten, sagte mein Gnädigster; — die Schimmel seien Dein und das Land mein." — Der Herr Vetter:

„„Gut, ich bin's zufrieden; wenn du mir diese zwei holländische Mägdlein in Kauf gibst, machen wir den Vertrag."" Und der Vertrag ward in selbiger Nacht noch gemacht und mein Gnädigster wurde regierender Fürst. Bei ihm und seinen Nachkommen könnt' man darum sagen, daß sie Regenten nicht „von Gottes Gnaden" sondern „von Schimmels und Mägbleins Gnaden."

Neueste Variation
eines alten Volks-Witzes.

„Die heiligen drei König' mit ihrem Stern —
„Die schlucken die Zwetschgen und — schenken uns b'Kern."

Die Kuhbruderschaft.
(Melodie: „Ich bin der Dokter Eisenbart".)

Das Impfen ist Gesetzes-Sach!
Die Wartburg liegt bei Eisenach;
    Das Impfen stammt vom Kuhstall her,
    Viel Wasser gibt's im schwarzen Meer.

Der Impfstoff, ein suv'ränes Gift,
Das selbst Arsenik übertrifft,
    Es schleicht sich in die Adern ein,
    Dringt bis in's Mark der Knöchelein.

Es färbt den Teint der Damen schön —
Wie Handschuhleder — gelblich grün,
    Nimmt Fülle, Schönheit, Fruchtbarkeit
    Hinweg und macht die Kleider weit.

Die Blattern gar so lieblich sind
Bei Kind und Jungfrau, wie beim Rind;
    So appetitlich anzuseh'n,
    Daß uns die Augen übergeh'n!

War Eva auch geimpfet schon,
Dann wär' sie nicht in Kollision
   Gerathen mit dem Apfelbaum
   In Edens schönstem Gartenraum.

Wer weiß, ob nicht der Goliath
Den David einst erschlagen that,
   Wenn er geimpft gewesen wär —
   Noch lebte der Philisterer.

Hätt' man die Impferei gekannt,
Wär' niemals die Schimpferei entbrannt
   Und grimmer Streit im deutschen Reich;
   Denn Kuhgift macht gar fromm und weich.

Ein Nichtgeimpfter bleibt ein Tropf,
Drum lebe hoch der Impfer Zopf!
   Betrogen will die Menschheit sein
   Beim Sonnen= und beim Mondenschein!

Millionen Hoch der Jennerei,
Der Moloch = Kinderschinderei!
   Nimm Gift und Teufeldreck (Asant),
   Mein weises deutsches Vaterland!

— ••◦•• —

Feinspinner

können sich an einem **großen** oder **kleinen** deutschen Unternehmen betheiligen; auch werden **willige Jungen** in großer
Anzahl gesucht, sie brauchen gerade **keinen hellen Kopf**
zu haben — im Gegentheil!

Gelder

werden fortwährend zu den **höchsten** Beträgen angenommen.
Das Uebrige versteht sich von selbst.

—»•«—

Er: „Donnerwetter! die anderen Figürchen bewegen sich bei der leisesten Berührung nach Wunsch und Willen. Wenn ich aber an einen so verfluchten Republikaner komme, da rührt und biegt sich nichts!"

Filax und Dian.

Filax: Wohin denn so eilig, Dian?

Dian: „„Nach Berlin!""

Filax: „Was machst du denn dort?"

Dian: „„Nun, hast du's nicht in der Zeitung gelesen, daß man dort jetzt mit der Hundschwänzelei die beste Carriere machen kann?"

Meister Geradaus und Geselle Vorwärts.

Geselle: „Sie, Meister! Was ist denn jetzt das mit diesen Vereinen? Da haben wir einen deutschen „National-Verein" und einen „Großdeutschen Verein", und jeder sagt, daß er nach Herstellung eines einigen, großen und mächtigen Deutschlands strebe, und hassen sich doch beide bis auf's Messer! Da kennt sich der Teufel aus!"

Meister: „„Das ist ganz natürlich: die Einen wollen die preußische Spitze und die Andern die österreichische Spitze, und die Hohenzollern und Habsburger haben sich von jeher bis auf's Messer gehaßt, — und — wie die Herren, so die **Knechte.**""

Geselle: „Aber der Kaiser von Oesterreich hat doch neulich mit dem Kronprinzen von Preußen Bruderschaft gemacht!"

Meister: „„Geh, bist du auch so ein Esel und glaubst an solche diplomatische Komödien?""

Geselle: „Ja Sie, wenn bei denen Herren Alles Komödie ist, warum macht man denn nachher kein' demokratischen Verein, der nur die Volksinteressen und die Einheit und Größe und Wohlfahrt der Nation an die Spitze stellt? Was geht denn uns Habsburg oder Hohenzollern an?"

Meister: „„Ja, recht hätt'st du schon; aber weißt b', mit den Demokraten geht's, wie mit den Fischkraten; anno 48 ist halt Manchem was im Hals stecken geblieben, daß er d'ran erstickt ist!""

Geselle: „Natürlich! mit dem kleinweis Schlucken geht's nie anders, — und — wissen's — man z'reißt noch all z'viel Kappenschild — und — — —"

Meister: „„Ich bitt' dich, hör' auf! Es preuß'lt was — — —""

Geselle (zum Fenster hinaus sehend): „An sakrisch'n Neb'l hat's!"

Die Loyalen.

Es saß der König **Simplicius**
  Auf seinem hohen Throne,
Es standen um ihn in weitem Kreis
  Die hohen Reichsbarone.

Es lächelte **Simplicius**
  So blöd zu ihnen herüber,
Und sie — sie grinseten so dumm
  Zu ihrem Herren hinüber.

Und als **Er** winkte, begann das Maul
  Von Einem an zu wackeln,
Und was man hörte, das glich auf's Haar
  Dem Grunzen vieler Ferkeln.

Und was man d'raus vernehmen konnt',
  Das waren — hohle Worte,
Die schmeckten gar so bittersüß,
  Wie eine — vergiftete Torte:

„Ergebenheit — Aufopferung —
  „Des Blutes letzter Tropfen —
„Treu — angestammt — von Gott verliehn — — —"
  — Will Keiner das Maul ihm stopfen?!

Es lächelte **Simplicius**
  So dumm von seinem Throne
Und spendet' also das Gnadenwort
  An seine Reichsbarone:

„„Ihr Liebe und Getreue all!
  „„Nehmt hin den Dank vom Herzen,
„„Das die kleine Demokratenschaar
  „„Erfüllt mit den bittersten Schmerzen.""

„„Sie wollen kehren im ganzen Reich
  „„Das Unterste nach oben:
„„Die gottverliehene Herrschermacht
  „„Wär' gern zur Seite geschoben!""

„„Das Heer, das Heer, das schöne Heer
  „„Kann uns allein noch schützen,
„„Kanonen und Bajonette sind
  „„Des Thrones einzige Stützen.""

„„Und die Ihr das erkennet so wohl, —

„„Ich scheide den Kern und die Schaalen, —

„„Euch schenk' ich meine gnädige Huld

„„Und nenn' Euch — **die Loyalen!**"""

Gespräch im Bräuhause.

Knix: „Weißt Du, welches jetzt die erste Großmacht in Europa ist?"

Knax: „„Das ist doch ohne Zweifel Frankreich mit seiner **eisernen Regierung.**""

Knix: „Fehl geschossen!"

Knax: „Dann ist's England mit seinen **eisernen Schiffen.**""

Knix: „Auch nicht!"

Knax: „„So muß es Rußland sein mit seinem beinahe **sechsten Theil der Erde.**""

Knix: „Wieder nein!"

Knax: „„Sollte es Oesterreich sein mit seinen **feingedrechselten Noten?**""

Knix: „Thorheit!"

Knax: „„Oder gar Preußen mit seinen **geharnischten Feldjägern?**""

Knix: „Lächerlich!"

Knax: „„Nun, zum Teufel! welches ist denn die **erste Großmacht?**""

Knix: „Wer anders, als **Dänemark?** Es fragt nichts nach Frankreichs eiserner Regierung, kehrt sich nicht an Englands eiserne Schiffe, scheert sich den Teufel um den russischen Koloß, lacht über Oesterreich's feingedrechselte Noten, verhöhnt Preußens geharnischte Feldjäger und tritt seine deutschen Unterthanen mit Füßen!"

Knax: „„Traurig aber — wahr!""

Knix: „Und wem danken wir das?"

Knax: „„Dem Nationalverein?""

Knix: „**Dummheit!**"

Knax: „„Dem Reformverein?""

Knix: „**Dummheit,** sag' ich!"

Knax: „„Nun, wem denn?""

Knix: „Muß ich Dir's denn dreimal sagen? Der **deutschen Dummheit** danken wir die **deutsche Schande!**"

F. X. Weithmann, verantwortlicher Redakteur.

Druck der J. Deschler'schen Buchdruckerei.

Münchener Schalk.

(Sonntags-Beilage zum „Volksfreund".)

| III. Jahrgang. | *Nr. 3.* | 18. Jan. 1863. |

Der Entscheidungs-Kampf.

Ob Habsburg regiert — oder verliert, —

Ob Hohenzollern siegt — oder unterliegt, —

Ob die Napoleoniden — im bewaffneten Frieden,

Ob Englands Kniffe — und Nationalitäts-Tartüffe,

Ob Rußlands Gelüsten — und Freiheitsbrüsten,

Ob Amerikas Norden — im gräulichen Morden,

Oder die Sclavenhalter — und Schädelspalter,

Ob Spaniens Streben — und Netzeweben,

Ob die pontinischen Sümpfe — und Eugenien's Strümpfe,

Ob das savoyische Kreuz — ob die Republik Schweiz,

Ob Dänemarks Grollen — ob Deutschlands Schmollen

Den Sieg erringe? — und alle anderen Dinge —

Die Börse entscheidet, — und 's dumme Volk — leidet!

Eine Sitzung im Thierreiche.

Löwe.

Seid mir gegrüßt, ihr Lieben und Getreuen,
Ich hoffe, daß Ihr thatet, was ich wünschte
Und daß Ihr wollet, was auch ich gewollt.
Nun nahe mir, geheimer Secretär,
Und trage vor die Bitten meines Volks,
Und welch' Gesetze neu dafür geschaffen
Die still erlaubte Weisheit ihrer Führer.

Hyäne (im Schafspelz).

Um Euch, Durchlauchtigster, wohl zu gefallen,
Habt Ihr vorerst ein neues Preßgesetz.

Löwe.

Lies das, was mich und meine Frau betrifft.

Hyäne.

Wer König oder Königin
Schimpft oder gar verspott' —
Und dieß noch gar mit kühnem Sinn —
Kriegt Zuchthaus oder Tod.

Löwe.

Wie? ist dieß Gesetz nicht etwa gar in Reimen?

Fuchs.

Verzeiht, Großmächtigster, daß ich dieß allerweiseste, vom
heiligen Geist diktirte und hohe Preßgesetz in goldene Reimlein
brachte, damit in Schulen es schon leicht in's Herz, in's ju-
gendliche, dringe.

Löwe.

Gut, gut, mein Sohn, ich seh', ich hab' Euch nicht
Umsonst aus fernen Landen hervorschrieben;
Ihr seid ein wack'rer Dichter meines Hofs.

Fuchs.

Durchlauchtigster! wenn mein geringer Geist
Euch so entzückt, bin ewig glücklich ich.

Löwe.

Genug, mein Lieber, ich versich're Euch,
Daß meine Dichter alle mir sehr theuer.

Zobel, Maulwurf, Dachs und Andere.

O ja, o ja, sehr theuer, Majestät!

Löwe.

Wer wagt es da, sich zu muckiren?

Hirsch.

Das sind die Mucker, allerhöchster Herr!

Löwe.

Laßt sie treiben, was sie wollen, wenn sie nur nicht gefährlich sind.

Die Frösche.

Quaqua, quaqua, quaqua —

Löwe.

Was ist das für komisches Geschrei?

Schaf.

Es sind die Frösche, Majestät, sie üben sich im neuen
Gesangbuche, sie sind nicht zufrieden damit.

Löwe.

So sollen sie das alte behalten. Laßt sie singen, was
sie wollen, wenn sie zahlen, was sie sollen.

Kameel.

Euere Majestät sind der allerweiseste Regent!

Die Hunde.

Wu, wu, wu, —

Löwe.

Was will das treue Volk?

Kater.

Ach, Majestät, die Hunde bellen uns Hof- und Keller-bedienstete immer an.

Löwe.

Ich kenne meine Hunde. Laßt sie bellen, sie beißen nicht, und sollten sie es versuchen, habe ich sichere Maulkörbe.

Hamster.

Durchlauchtigster, groß ist die Wohnungsnoth und der Mangel herrscht darin für arme Unterthanen.

Löwe.

Sobald meine Lustschlösser und Säulenhallen gebaut sind, werde ich, wenn es noch nöthig ist, billige Wohnungen bauen.

Bär.

Wohl wären mehrere Klagen vorzubringen.

Löwe.

Genug für heute. So würde das Regieren mir zuwider. Die Klagen lieb ich nicht. Sonst seid Ihr Alle wohl mit mir zufrieden?

Die Esel.

J=a, J=a, J=a.

Löwe.

Damit versichere ich Euch meiner Huld.

⸻ ✦✦ ⸻

Aus der Menagerie.

Kind: „Nu, Papa, warum heißt man denn dieses Thier da den Königstiger?"

Papa: „„Ja, weißt, weil es so glatt ist und so viele Flecken hat und weil es —— so schön ist.

⸻ ✦ ⸻

Nur frei!

Röthle: „Also, Herr Bierhuber! Sie sind auch beim großdeutschen Verein?"

Bierhuber: „„Was kann man machen? Ich bin Familienvater, Geschäftsmann; man muß sich anschließen!""

Röthle: „Ach Gott! Schließen! Sind wir nicht schon genug geschlossen und gebunden? Ich sag' Ihnen, mein Grundsatz ist, **nur frei!**"

Auch ein Monument.

Dem Herrn G. Figdor in Wien, welcher sich so energisch dagegen aussprach, daß die Stadt Wien einen Beitrag zum **Hermanns-Denkmal** leiste, sowie daß Oesterreich immer mit Deutschland kokettire, soll nun selbst ein Monument gesetzt werden, und zwar im Lande der Mausfallenmacher. Am Piedestal sollen die allegorischen Figuren der „Erbärmlichkeit" und der „Schmutzigkeit" angebracht werden, welche einen Kranz von Disteln halten. Innerhalb desselben stehen die Worte:

„Die Niederträchtigkeit ihrem Figdor!"

Die Mittel dazu werden von dem Gesindel gestohlen.

(Es lebe die deutsche Einigkeit!)

Aus einem Briefe.

Mein lieber Herr Redakteur, Sie wünschen von mir immer Beiträge; allein das Honorar ist so rar, daß meine Beiträge nur träge folgen können. — Das ist beim „Münchner Schalk" anders; der gibt Jedem Gelegenheit, unentgelblich Schriftsteller zu werden.

Gute Aussichten.

In **Wien** wurde im Redaktions=Bureau der „Presse" Haussuchung gehalten, die Redaktion des „Vaterlands" in Anklagestand versetzt und der Redakteur des „Kikeriki" hat seinen Arrest angetreten. — In **Berlin** werden außer den Speichelleckern alle Redakteure gemaßregelt. — Man sieht also, was man für Freiheiten zu erwarten hat, ob Hohenzollern oder Habsburg an's Ruder kommt. — — — Da lob' ich mir Bayern! Da hat der Redakteur des „Volksfreundes" Arrest und Festungsstrafe zugleich erhalten. — — —

Alle Figuren.

Buchhändler: „Wie? ich soll Ihr neues Werk verlegen? Reut mich, daß ich Ihr erstes Mannscript acceptirte, denn es blieb mir die ganze Auflage liegen."

Literat: „„Liegen? — Wissen Sie was, ich heirathe Ihre Tochter, dann bleibt dieselbe doch nicht sitzen. —""

Buchhändler: „Aber bei einem solchen Offerte bleibt mir der Verstand stehen."

Literat: „„Ich werde wegen der lumpigen 30,000 fl. Mitgift doch nicht knieen müssen.""

Buchhändler: „O nein! fahren Sie lieber ab!"

Literat: „„Mit Vergnügen, wenn Sie voran reiten.""

Zur Protection!

Knall: „Ich kenne mich rein nicht mehr aus; wie es jetzt zugeht, so war es wahrhaftig noch nie. Alles nur Protektion! Jetzt geben sie dem Schnallenhuber einen Posten, den er nie versehen kann, der Esel, und 30 Verdiente müssen zurückstehen."

Knöll: „„Wem Gott ein Amt gibt, dem gibt er auch Verstand.""

Knall: „Ja, ganz richtig, wem Gott ein Amt gibt; dem gab es aber der — — — Tausendsasa."

Knöll: „„Wie bekam er denn diesen allmächtigen Protektor!""

Knall: „Du kennst doch seine schöne Schwester? — Diese hat dem Herrn i h r e L a g e s o e r g r e i f e n d d a r g e - stellt, daß er ihre Bitte nicht mehr abschlagen konnte. Es ist rein nur das Werk der großherzigen und offenen Hingabe.""

Herzlos.

Tritschler: „Haben Sie 's gelesen, daß der russische Adel seinem Kaiser zürnt, weil er in einem Bürgershause Thee getrunken hat?"

Bierfaßler: „„Aber hören Sie, Thee trinkt man doch nur im äußersten Nothfall, wenn Einem recht hundsmiserabel schlecht ist, und da denk' ich doch ist's gleich, von wem man seinen Thee bekommt. Diese Russen sind doch recht h e r z l o s!

Neueste Depesche.

Der Sultan hat in einem neuen Befehle geboten, daß seine Damen nunmehr auch beim Füttern der Vögel, Papageien, Fasanen, Hennen c. verschleiert sein müssen, da sich darunter auch mancher H a h n befindet. — Der Mann wird immer kränker.

Zur Gegenwart.

In der Gasbeleuchtungsfrage
Hört man täglich neue Klage;
Aber, liebe Leut', ich sage,
Was die Ahnen nicht erreichten —
Alles, Alles zu beleuchten —
Wird, nebst vielen andern Dingen,
Keinem Magistrat gelingen,
Weil er wirklich in der That —
Nicht die größten Lichter hat.

Auf der Redoute.

A. Aber, mein lieber Herr Nachbar, Sie schneiden ja so fürchterliche Gesichter, daß man Sie gar nicht mehr kennt.

B. Das will ich ja, damit ich die Maske erspare.

A. Ja wie Sie es nur so können?

B. Lassen Sie sich nur auch so eine Flasche Wein geben, dann geht's schon.

A. Aber, schöne Maske, Sie haben eine ziemlich belästigte Hand, Sie sollten sich die Warzen vertreiben lassen.

B. Sie garstiger Mensch! das sind ja Hühneraugen. Ich habe früher zu enge Glacehandschuhe getragen.

A. Mein Fräulein, was ist Ihnen, wird Ihnen übel?

B. Ach ja, ich wurde von meiner Schwester zu stark geschnürt.

A. Da wurde mir auch oft übel.

B. Sie werden doch nicht geschnürt?

A. O ja, von den Wirthen.

F. X. Weithmann, verantwortlicher Redakteur.
Druck der J. Deschler'schen Buchdruckerei.

Münchener Schalk.

(Sonntags-Beilage zum „Volksfreund".)

III. Jahrgang.   Nr. 4.   25. Jan. 1863.

In das
Album eines kammerbehafteten
Tyrannen.

„Wenn Sie glauben, daß Sie Ihre beiden
Kammern behandeln können, wie zwei Stall=
mägde, welche nichts Anderes zu thun haben,
als für Hochdero adeliches Rindvieh das Futter
herbeizuschaffen und den Unrath Allerhöchst=
Ihres Regierungsunsinnes aus Ihrem gottes=
erbärmlichen Augiasstalle wegzuräumen, und
dieß gelingt Ihnen: — —
dann haben Sie recht!"

Logik eines Hausbaders.

Es ist zu München Einer, so weise und so fein,
Als wie auf Erden Keiner mag wohl zu finden sein.
Jüngst die Reformvereinler zu Tage saßen dort,
Er hat es ausgesprochen — das Offenbarungswort:
„Vom Gegner muß man lernen, den alten Spruch ihr
kennt;
Der Nationalvereinler sich unsern Gegner nennt;
Doch was von dem zu lernen, kann ich euch rathen nicht,
Das sollt von ihm ihr lernen, wie er so rührig sicht.“
D'rum ist zu München Einer, so weise und so fein,
Als wie auf Erden Keiner mag noch zu finden sein.

Neuestes.

Ein Berliner Kofferträger, welcher bei seinem Vorstande
um eine Unterstützung bat, bemerkte hiebei auch, daß die Hoffnung eines besseren Verdienstes immer mehr schwinde, denn
sogar die Abgeordneten seien ohne Gepäck angekommen.
Ei, meinte der Herr Vorstand, die wissen halt schon, daß sie
hier keinen langen Aufenthalt nehmen können.

Aber etwas Wäsche werden Einige ja doch brauchen, ent-
gegnete der Kofferträger.

An Wildauer.

Trefflich waren gesprochen die fließenden Worte in Frankfurt,
Und du trafest damit, herrlicher Schütze, den Punkt.
Anders ging es in Innsbruck, fehltest die mächtige Scheibe,
Sankest aus eigener Schuld jetzo zum Zieler herab.

Zur Tagesfrage.

„Frisches, reines, gutes Wasser!
Ruft der Arme, wie der Prasser,
Und der hohe Magistrat,
Der bisher sein Bestes that,
Hielt darüber manchen Rath,
Der zu Grund eröffnet hat:
    „Wasser aus der reinen Quelle
    Macht die Augen allzu helle,
    Und man sieht dann gar zu schnelle,
    Wenn der hohe Magistrat
    Etwas wahrhaft Großes that.

— ⋙✦⋘ —

Politik.

A. Jetzt haben's ja in Spanien ein neues Ministerium!

B. Da bin ich wirklich froh, in München ein älteres Bier und in Spanien ein neues Ministerium, sind längst gefühlte Bedürfnisse.

A. Hahaha! warum bist denn Du froh?

B. Nun, sonst hätten's mit dem alten forthausen müssen.

A. Das hat aber keinen Grund!

B. Nun, das neue Ministerium wird wohl auch keinen haben.

A. Da muß Einem spanisch werden!

———

A. Der Sultan hat ja beschlossen, sich an die Spitze der Armee zu stellen?

B. Da hat er Recht, da nimmt er sich am Schönsten aus.

A. Ja, gegen welche Nation zieht er denn aus, ich weiß von keinem Krieg etwas?

B. Braucht's nicht! Meinst denn, wenn einmal g'schoss'n wird, bleibt er an der Spitze?

———

A. Nun, wie sieht es denn jetzt aus in der italienischen Frage?

B. Sie steht halt noch immer in Frage.

Ein triftiger Grund.

Irmeyer: Du, warum tragt denn der Scribent Daxl beim trockenen Wetter blos Gummischuh?

Zetmeyer: Damit man die Löcher in seinen Stiefeln nicht sieht.

Irmeyer: Ja, aber warum hat er denn beim schmutzigen Wetter keine Gummischuh an?

Zetmeyer: Damit er nicht naß wird, denn es sind die Sohlen löcherig.

Irmeyer: Ja wie kann denn so ein Mensch leben?

Zetmeyer: Ach, der lebt, wie mancher Regent jetzt lebt, auf schadhaften Füßen.

Im Vorübergehen.

von Knick: Ah, Herr Collega, freut mich, daß ich Sie treffe, sind Sie schon lang im Leseverein?

von Knack: Ach, meine Bureauzeitungen reichen nicht aus, man will auch etwas Unterhaltendes, und da reicht das „Morgenblatt" rein nicht aus.

von Knick: Ja, es ist merkwürdig, jetzt kommt darin eine Novelle nach der andern, deren Inhalt immer ein Landmädchen ist, das für die Stadt und Stadtherren schwärmt und am Ende natürlich seine Entäuschungen findet. Eine Novelle sieht der andern gleich.

von Knack: Ganz consequent. Sieht denn nicht ein Krokodil auch dem andern gleich?

Der Frankfurter Leichenacker 1863.

Frau Klein: „Wen hat man denn da begraben?"

Frau Groß: „„Die deutsche Einigkeit.""

Frau Klein: „Nun, mein Gott! die hat lang genug gelitten!"

Fluid – Ozon.

Louise: Du hast also das ebenbegonnene Verhältniß mit August schon wieder abgebrochen?

Emma: Ach Gott, der Mensch hat eine üble Ausdünstung!

Louise: Das ist schon sehr fatal. Ich habe aber nie etwas davon bemerkt, freilich, Du kommst näher in Berührung.

Anna: Ach Gott, dadurch habe ich es auch nicht bemerkt, aber denke Dir, ich war gestern auf seinem Zimmer und — o Schreck! — auf seiner Commode steht ein Flacon mit Fluid-Ozon.

Knauser: „Sag mir doch, wo kommt denn das Wort Lokomotive her?"

Huber: „„Das kommt von gewissen Leuten her, welche keine Motive haben, länger in Loco zu bleiben und deßhalb schnellstens fortzukommen suchen,""

„Der Mensch nimmt Nichts mit in das Grab" —
Ich tausendmal gelesen hab.
Doch muß es öfter anders kommen;
Denn Banquier X., der jüngstens starb
Und Gläubiger genug erwarb,
Hat auch ihr Geld nun mitgenommen.

Ameyer: „Aber du, des jungen Doktors W. sein Werk über Kinderkrankheiten haben's weiter nicht gut recensirt!"

Bemeyer: „„Das ist im Interesse der Menschheit das Beste. Wie Vielen würde es sonst das Leben kosten!""

Ameyer: „Wie so denn?""

Bemeyer: „„Nun ja, wenn man seine Theorie tadelt, so wird er am Ende praktischer Arzt.""

Les' ich so in einem Blatte,
Wer denn all' gestorben ist:
Hier der gute Freund und Gatte,
Dort der gute Mensch und Christ,
Dort der Frömmste aller Frommen
Dort der Jungfrauen schönste Zier: —
Daß es jetzt so weit gekommen,
Das wird dann erklärlich mir; —
Denn wenn alle Guten gehen,
Kann man Schlechte nur noch sehen!

Auf der Redoute.

A. Nun wie ist der Wein?

B. Im Magen taugt er höchstens für einen kleinen Staatsdiener; aber im Stiefel ist er famos; ich habe ein halb
Gläschen hineingeschüttet, und schon hat er alle Löcher
zusammmengezogen.

A. Mein Fräulein, ich bin in Sie verliebt, nicht wegen
Ihres Geldes, sondern wegen ihrer Reitze.

B. Ach! Sie sind noch zu jung; ich wünschte einen ge-
setzten Mann!

A. Dann heirathen Sie nach einiger Zeit den Schalts-
narren!

A. Mein Herr, Sie schmeicheln mir in einer Weise, daß
ich wohl auf ihre Bitten eingehen muß.

B. Wie? sprechen Sie in Wahrheit? Bedenken Sie
aber, die Wahrheit ist ungeschminkt!

A. Ich habe ja auch nur ein klein Bischen aufge-
legt.

A. Aber, hören Sie, wenn die Maske Ihnen grollt, so
hat sie recht. Es sind nicht immer gewisse Mädchen unter der
Maske und wenn dieses eine solide Dame war, so sind Sie
ihr sicher zu nahe getreten.

B. Ach Gott, das war ja bei der riesigen Crino-
line rein unmöglich.

A. Hätten Sie keine Lust mich zu heirathen?

B. Ach Gott, am Liebsten wäre mir halt ein Kaufmann.

A. Dazu passen Sie jedenfalls vortrefflich; wie ich sehe
verstehen Sie sich auf die Auslage. —

Fresko-Anekdote.

„Ich weiß nicht" — sagte neulich ein Herr — „mit dem vielen Fahren auf den Eisenbahnen wird man ein ganz dummer Kerl; man spricht mit Niemand, man grüßt Niemand, kurz: man wird ein recht dummer, grober Kerl." — Ein Anwesender erwiderte: „„Erlauben's, verzeihen's! Sie san gwiß schon recht viel auf der Eisenbahn g'fahr'n?""

— ◆◆◆ —

Gedanken-Späne.

Die Reichen von Geburt haben in der Regel das gleiche Leiden: sie leiden an einem Herz=Fehler. Das Leiden ist meistentheils unheilbar; man kann aber — alt dabei werden.

Die wenigsten Menschen sind — gerecht, die meisten — gedankenlos!

Man sagt der Mensch lebe, um zu arbeiten; ich arbeite, um zu leben.

Ich begreife nicht, warum man immer über den Mangel an guten Schauspielern klagt. In jeder größeren Gesellschaft findet man einen Hannswurst, einen Intriganten, einen Denunzianten u. s. w.; nur die Helden sind rar, — es wären denn — Maulhelden!

Wir leben in einer gesegneten Zeit: die ganze Menschheit lebt — in der Hoffnung!

Ein gelungenes Unternehmen macht dich in den Augen der Menge zum Helden, ein mißlungenes zum — Lumpen!

Mancher käme in Verlegenheit, wenn er sagen müßte, wozu er auf der Welt sei?

Das Leben ist schön, aber — theuer.

F. X. Weithmann, verantwortlicher Redakteur.

Druck der J. Deschler'schen Buchdruckerei.

Münchener Schalk.

(Sonntags-Beilage zum „Volksfreund".)

III. Jahrgang.   **Nr. 5.**   **1. Febr. 1863.**

Meister Gradaus und Geselle Vorwärts.

Geselle: „Sie, Meister! der Schalks-Narr sitzt halt jetzt doch!"

Meister: „„Dös is a Glück für ihn.""

Geselle: „So-o-o-o-o? Da war i neugieri?"

Meister: „„Verstehst: an g'setzt'n Mann sucht ma überall, der is überall respektirt, und — a schöne Partie steht ihm ah in Aussicht!""

Geselle: „Ja! i glab's glei gar, Sie denka an Passau?"

Meister: „„Passauarina sind saubre Madl, und Geld habn's a.""

Geselle: „Na, na! I moan b' Festung!"

Meister: „„Ja so moanst b'? Nu schau, auf die Art wird er allweil g'setzter: also wird's Glück ah allweil größer.""

Geselle: „Dank schö! Mir war mei Freiheit lieber."

Meister: „„O Narr! Der is in der Festung freier, als a Andrer auf'm Thron.""

Scenen

welche ein Staatsgefangener im Münchener Stadtgefängniſſe
hören — aber nicht ſehen kann.

(Hörer und Akteurs befinden ſich hinter eiſernen Kouliſſen.)

Erſte Scene.

Erſte Stimme: „Peter!"

Zweite Stimme: „„Wer is? Sog's!""

Erſte Stimme: „I bin's, d'r Sepp! — Du, Peter! paſſ'
auf!"

Zweite Stimme: „„Sog's!""

Erſte Stimme: „Warum biſt denn du herin? ſog!"

Zweite Stimme: „„Paſſ auf: i woaß nit, wos woll'n von
mir; Brett'r, ſog'n's ſan wegakimma.""

Erſte Stimme: „Aha, i hob' di ſcho! Gelt, d'robn an d'r
Iſarbruckn? — Hoſt an Leim an di' Stiefel g'hobt?"

Zweite Stimme: „„Sei ſtat, ſog' i, du Vieh, du dumm's!
— I woa'ß gar nixn, verſtehſt mi?""

Erſte Stimme: „Jo, jo! I denk' mir's a ſo, daß d' un-
ſchuldi biſt. — Denk dir's, Peter! i bin guat wegakimma."

Zweite Stimme: „„Wia-viel?""

Erſte Stimme: „Sör Munad grob."

Zweite Stimme: „„O Sakra! Hoſt di' guat auſſi biſſ'n!
— Do drüb'n auf Nummer vierzehni ſitzt a Zeitungs-
ſchreib'r, der hot drei Munad und ocht Tog.""

Erſte Stimme: „O Narr! — Du, Peter! Paſſ auf?"

Zweite Stimme: „„Sog's!""

Erſte Stimme: „Hat d'r Blatt'lſchreib'r g'ſtohl'n?"

Zweite Stimme: „„No, woaſt b', z'bick is er ihna kimma,
ſog'n's.""

Erſte Stimme: „Moanſt er loßt iatza aus?"

Zweite Stimme: „„I g'lab' ſchwerli, ſog'n's. — Du,
Sepp! paſſ' auf!""

Erſte Stimme: „Sog's!"

Zweite Stimme: „„Wo kimmſt hi? Noch Nebdorf?""

Erſte Stimme: „War m'r ſcho z'dumm, in a Korrexions=
Anſtalt! Noch Kaisheim, hoff i.“

Zweite Stimme: „„Hoſt's g'hört! nocha grüßt b'mir an
ſchwarzen Hanns recht ſchö. B'hüt di Gott, Sepp!““

Erſte Stimme: „B'hüt di Gott, Peter!“

Zweite Scene.

Erſte Stimme: „Kathi!“

Zweite Stimme: (ſo rein und voll tönend, wie die Glocke
von Breslau) „„I hob di nit!““

Erſte Stimme: „Kennſt mi nit, Karwatſch'n! I bin's der
Hanns!“

Zweite Stimme: „„Ja, du biſt's, G'ſchmocherl? Was
thuaſt denn du herin?““

Erſte Stimme: „Loß d'r ſog'n, Kathi! Paſſ auf!“

Zweite Stimme: „„Sog's!““

Erſte Stimme: „Woaſt, i hob mir hübſch was g'macht
g'habt, i hob b' Taſch'n voll Guld'nſtückl g'habt, und
do bin i maskirt am Proter abi, als a Türk, verſtehſt
mi, Kathi!“

Zweite Stimme: „„I hob di ſcho.““

Erſte Stimme: „Tanzt hob i dir, wia's Luaba, verſtehſt, i
hob d'r a ſaubers Menſch g'hobt, a Thyrolerin.“

Zweite Stimme: „„Biſt jo du ah a ſauberner Kerl, ſchau
Hanns.““

Erſte Stimme: „Du, Kathi! paſſ auf!“

Zweite Stimme: „„Sog's, Hanns!““

Erſte Stimme: „Woaſt, der ſakeraments Anſchl hat den
Türk'n glei heraus g'habt, verſtehſt, und mit hob i müß'n;
und 's Menſch ah!“

Zweite Stimme: „„O Höllgaudi! Ha-ha-ha-ha-ha-ha!““

Erſte Stimme: „Paſſ auf, Kathi!“

Zweite Stimme: „„Sog's Hanns!““

Erſte Stimme: „Woaſt, ſlott ſan m'r auſſi g'ſtieg'n von
Prot'r, woaſt der Türk und b' Thyrolerin Arm in Arm

und der Ander mit der Latten hint nochi. Ha-ha-ha-ha-ha-ha!"

Zweite Stimme: (anderthalb Oktaven höher) „„Ha-ha-ha-ha-ha! — Du, Hanns, pass auf!""

Erste Stimme: „Sog's!"

Zweite Stimme: „„Is mei Hiesl nit bei dir d'rina?""

Erste Stimme: „Jo, aber, pass auf, Kathi! Er sogt, er mog di nimma."

Zweite Stimme: „„Mocht nix, Hanns! nocha schenk i dir mei Herzerl; bist jo du a sauberner Kerl.""

Dritte Stimme: „„„Wart, malafiz Karnali, boli auffi kimm, kimm i dir scho!"""

Zweite Stimme: „„Je, den dumm'n Kerl schaugt's o! Seid's jo alli zwoa ordentlicha Bursch'n; sei stat, G'schmoderl! i mog jo alli zwoa.""

Erste Stimme: „Pass auf, Kathi!"

Zweite Stimme: „„Sog's Hanns.""

Erste Stimme: „Pass auf, dei Hiesl kimmt jetza so aufs Munad in a Institut; nocha nimmst mi."

Zweite Stimme: „„Loss dir sog'n, Hanns! I mog glei!""

Dritte Stimme: „„„Hanns! Pass auf!"""

Erste Stimme: „Sog's, Hiesl!"

Dritte Stimme: „„„Von mir aus konnst b' Kathi scho hobn; daß b' mir sei 's Dienbl nit verderbst, Hanns! Bol i wieder kimm, mog's doch koan Andern, als wia mi. Gelt Kathi!"""

Zweite Stimme: „„Do host recht, Hiesl! B'hüt di halt Gott, Hiesl, und bleib g'sund, bis i bi wieder sieg!""

Erste Stimme: „B'hüt di Gott, Hiesl! und roas g'sund!"

Dritte Stimme: „„„B'hüt Enk Gott bei anander!"""

So wechseln die Scenen bis zum Abendgrauen, allwo eine musikalisch = deklamatorische Gesangssaurei mit Haber-schnüpf'ln beginnt, bis ein Gefängnißwärter mit einem schrillenden Pfiff das Zeichen zum Finale gibt. Dann — geht's erst recht an!

Filax und Dian.

Dian: „Wo rennst du denn hin, Filax?""

Filax: „„Zum Stadtrichter!""

Dian: „So? Was hast du denn dort zu thun?"

Filax: „„Meinen Nachbar will ich wegen Injurie benunziren; der schimpft so fürchterlich über einen Anwalt, und zwar einen von den Obersten, daß es gar nicht auszuhalten ist; er heißt ihn einen Generalspitzbuben hinüber und einen herüber.""

Dian: „Nun schau, einmal hinüber und das andere Mal herüber, — da hebt sich ja die G'schicht wieder auf. Und übrigens: was geht denn dich der dumme Kerl an?"

Filax: „„Jetzt hast du wieder recht!""

LOGIK.

Fischer: „Haben Sie denn all die Kritiken über die Jananschek gelesen? Diese Widersprüche! und doch wieder theilweise Einklänge, und Alles so ohne Logik!"

Kugler: „„Ach was! Irren ist menschlich.""

Fischer: „Dann ist folgerichtig Nichtirren — unmenschlich!"

Kugler: „„Ja sehen Sie! gerade mit solcher Logik wird heutzutage kritisirt, und Wer — das Blatt besitzt, gewinnt!""

Dumme Discurse.

Schneemeier: „Nun, jetzt hat ja der König Otto seine
Galawagen auch erhalten; aber die schönen arabischen
Pferde kriegt er halt nimmer."

Bierhuber: „„Macht nix! Zum Ziehen sind die
Deutschen viel besser.""

Schneehuber: „Du, wenn jetzt der König von Preußen
stirbt, er soll ein sehr kranker Mann sein, — dann
könnt's in Deutschland doch besser werden; mit dem
preußischen Kronprinzen hat ja der Kaiser von Oestreich
so schon schmollirt."

Bierhuber: „Freilich wär's besser; wenn man „per du"
ist, kann man sich ungenirt die größten Grobheiten in's
Gesicht sagen.""

Schneemeier: „Hast's g'les'n: in Churhessen hat der General Specht eine Besatzung von 70 Mann zu
kommandiren."

Bierhuber: „„Sach g'nug für 'n Specht.""

Schneemeier: „Du wirst's sehen, jetzt geht's bald auf
Türkei los!

Bierhuber: „„Ich bin neugierig, was dann von der
Pfort'n g'schieht?""

Schneehuber: „Von der Pfordten? Ah was! Da
g'schieht nichts: der sitzt ja im Bundestag."

Schneemeier: „Der neue Vicekönig von Egypten hat
ja seinem Volke alles mögliche Gute, Reformen und Ver-
besserungen versprochen."

Biermeier: „„Geh zu! das hat der Alte beim Regier-
ungs-Antritt auch versprochen und das Volk hat sich
das Beste versprochen, bis es einsah, sein König
müsse sich versprochen haben.""

Schneemeier: „Du, der Schalks=Narr sitzt."

Bierhuber: „„Ja, aber der Schalt ist frei!""

— »×« —

Gegengift.

Las gar viel von Liebesschmerzen
    Wie den Schönen nicht zu trauen;
Nahm mir deßhalb vor, den Mädchen
    Niemals in's Gesicht zu schauen.

Bald zerfiel das Schloß, das schwache,
    Das ich in die Lüfte baute;
Besser half mir, als die Schönen
    Ich von jeder Seit' beschaute.

Fresco-Anekdote.

Eine sehr böse Frau erkrankte. Als ihr Zustand von Tag zu Tag — zur Freude ihres vielgequälten Mannes — sich verschlimmerte, verlangte das Weib zu ihrem Hausarzte noch einen zweiten Arzt und wählte einen alten Allopathen. „Gott Lob! — rief der geängstigte Eheherr, — daß sie nicht den Dr. Steinbacher rufen ließ; der hätte sie wickeln lassen, und am Ende wäre sie wieder gesund geworden!"

Er hatte nemlich erfahren, daß der eingewickelte Redakteur des „Münchener Schalk" sich täglich wohler befinde.

Die Schwärmerin.

Lisett: „Aber Sie, Johann! warum schaut denn unser gnä Fräul'n gar so sehnsüchtig und traurig immer in Mond nauf und seufzt?"

Johann: „„Wahrscheinlich, weil a Mann im Mond ist und weil der so weit weg ist.""

Beim Bier.

Tüpfler: „Will sehen, wie die G'schicht mit 'm Herrn v. Rattenhuber ausgeht?"

Tapfler: „„O gut; is ja von Adel, — dem hilft ma scho.""

Tüpfler: „Ja — aber seine Scheinschwester?"

Tapfler: „„Der nimmt man den Schein, nachher bleibt die reine Schwester übrig.""

Tüpfler: „Du bist halt a Luderkerl!"

Tapfler: „„I nit, — die Andern!""

Was ich wissen möchte.

Warum der oberste Gerichtshof noch keine Deputation an mich geschickt hat, um mich fragen zu lassen, wie mir die — von ihm gnädigst verliehene — Gefängnißstrafe anschlage?

Ob das bayerische Ministerium das Spänglerhandwerk nicht für eine freie Erwerbsart erklären würde, wenn alle Gimpel in Käfige gesperrt werden müßten?

Ob der gute König von Preußen den Münchener Finessensepperl persönlich gekannt hat?

Ob es nicht zweckmäßig wäre, wenn die nächste magistratische Kommission, welche auf Entdeckungs-Reisen ausgeht, den weltberühmten Münchener Gassenkoth zum Gegenstande seiner Studien machen würde?

Ob der Rechtsrath Badhauser für seine deutsch-reformerische Thätigkeit nicht bald einen Orden bekommt?

Schalks-Narr.

F. X. Weithmann, verantwortlicher Redakteur.
Druck der J. Deschler'schen Buchdruckerei.

Münchener Schalk.

(Sonntags-Beilage zum „Volksfreund".)

III. Jahrgang.   *Nr. 6.*   8. Febr. 1863.

Das Reich der Finsterniß.

In dem Reich der Finsternisse
    Ist das Licht verhaßt:

Denn im Dunkeln — ist gut munkeln,
    Und das Recht — erblaßt! —
Doch wir kämpfen frohen Muthes
    Für der Wahrheit Licht,
Zuversichtlich, daß der Freiheit
    Morgenroth anbricht.

Gedankenspähne.

Wenn im Himmel über einen einzigen Bekehrten mehr Freude ist, als über 99 Gerechte: dann verfallen die heiligen Büßer dem — Wuchergesetze!

*

Warum denkt man heut zu Tage mehr 'an „Zerstreuung" als an „Sammlung"? Weil man vor lauter „Sammlungen" ohnehin die Hand nicht mehr aus der Tasche bringt!

*

Jetzt gibt's „Groß"- und „Klein"-Deutsche: warum nicht auch auch „Dick"- und „Dünn"-Deutsche? Weil die Wenigsten durch Dick und Dünn gehen wollen, um zum — Ziel zu kommen!

*

Jede Ungerechtigkeit findet ein Gesetz-Mäntelchen; der Schneider heißt — Partei-Haß.

*

Gesetze, die der Auslegung bedürfen, sind wie ein — neuer geflickter Rock: Fort mit Schaden!

*

Reue — ist die Tochter der Dummheit, Dummheit — unsere gemeinschaftliche Erbsünde; Aufklärung — unsere Erlösung!

*

Es wäre schrecklich, wenn alle zweibeinige Geschöpfe — unsterblich wären!

*

Wer Vergnügen daran findet, Simpel zu vexiren — ist ein Fex in Duplo!

*

Mancher Mensch ist erst etwas, wenn er ißt.

Die Stelschwester.

Frau Venus und Herr Bachus war
    Ihr Ideal durch's Leben,
Erst jetzt im grauen Greisenhaar
    Hat sie sich Gott ergeben. — —
Man sieht, wie man mit Gott es treibt, —
    Der kriegt nur das, was — übrig bleibt.

>※«—

Beweis.

Am 26. Januar wurde der Geburtstag der Erzherzogin S o p h i e in der Hofburg zu Wien durch Aufführung eines f r a n z ö s i s ch e n Lustspieles und durch Aufführung einer i t a l t e n i s ch e n Pantomime gefeiert. Man sieht daraus, wie d e u t s ch es am österreichischen Hofe zugeht und soll Villafranca eine kleine Schuld daran tragen.

—»※«—

Gebrochene Macht.

A. Meine letzte Habe ist nun gepfändet, ich habe mich an alle Besitzenden und Hohen fruchtlos gewendet. Wer wird mir helfen können, außer dem Tod?

B. Der Himmel!

A. Ach Gott! dem seine Macht ist gebrochen, wodurch könnte er denn helfen, seit die Lotterie aufgehoben ist? Das war sein einziges Mittel.

—◆◊◆—

Frühlings-Begeisterung eines Hungernden.

Wie herrlich grünen nicht die Wiesen,
Wie lokend seh'n die Weiden her!
O könnt ich doch auch Gras genießen,
O wenn ich doch ein Rindvieh wär!

———●●●●———

Aus dem Thierreiche.

Geheime Sitzung.

Löwe: Wir haben Euch versammelt, liebe Räthe,
In einer Sache höchster Wichtigkeit,
Daß Ihr mit Eurer vielgeprüften Kenntniß,
Mit Eures Wissens unerschöpfter Kraft
Auch dießmal Uns mit reinem Gase leuchtet.

Wolf: Wir sind beglückt von Eurem Hochvertrauen

Bär: Wir sind entzückt von Eurem Herrscherglanz.

Löwe: Ihr seid verrückt, wie es der Fasching fordert.

Fuchs: Wie Ihr befehlt, so werden wir auch sein!

Löwe: So hört mich an und gebt in kurzer Rede
Ihr Räthe Euern Rath, wie Wir vollziehen
Den herrlichen Beschluß, den Herz und Kopf geboren

Alle: Wir sind ganz Ohr, das bis zu Euerm Mund
Dem hochwohlweisen demuthreich sich dehnet.

Löwe: Jüngst hielt ich eine Jagd auf freie Vögel,
Der stolzen Adler einige zu erlegen,
Und bürschte deßhalb nach dem Horste hin;
Denn ist das kühne Thier hoch an den Wolken,
So ist es unerreichbar, wie die Sterne
Und schaut, wie höhnisch dann auf mich herab,

Im Hochgefühl des Königes der Lüfte,
Nachdem die andern Vögel lustig zieh'n.
Ich hasse all das bunte Federvieh,
Jedoch den Adler wohl am Allermeisten,
Weil er von Allen sich als Höchsten dünkt.
Drum, wie gesagt, ging ich auf ihn zur Jagd;
Da zog ein schmaler Weg am Abgrund hin,
Und hätte meinen Vorsatz abgebrochen,
Wenn nicht ein Esel nah gekommen mir
Und hätte sicher mich dahingetragen.
Da sah ich ein, wie nützlich Esel sind,
Wie willig unsern Willen sie vollziehen
Und unseren Planen oft behilflich sind,
Ja unsere Existenz sogar gefahrlos halten,
Wenn wir am Abgrund geh'n auf uns'rer Jagd.
Ich habe d'rum beschlossen einen Orden
Zu stiften auch für diese Gattung Vieher,
Denn was ich geb' dem kühnen Leoparden,
Dem muthigen Tiger und selbst dem Kameel,
Kann ich doch nicht dem Auerochsen geben,
Am Allerwenigsten dem Esel dann.
Ich will nun Rath, soll auf den Orden ich
Die Esels=Ohren prägen nur allein?

Alle: O nein, o nein, o nein,
     Der ganze Esel soll es sein!

Löwe: So dacht' auch ich und danke Eurem Rath;
     Mein Wille wird dadurch zur festen That,
     Zum Danke, daß Ihr folgtet meinen Spuren
     Ernenn' ich Euch hiemit zu Großkomthuren
     Des neuen Ordens. — Seid entlassen nun! —

Alle: O Herr! Wir stets auch unser Bestes thun!

Auf der Redoute.

I.

Herr Fischer: „Ah, eine Münchner Kellnerin! Nun die kann man jetzt freilich nur mehr als Maske sehen. Du hast ja deine ganze Brust mit Silber eingefaßt!"

Maske: „Nun, da seh'n doch b' Leut' glei, wie mir um's Herz ist."

Herr Fischer: „Du hast aber eine recht volle Brust, schöne Maske, du solltest dich bekolletirt zeigen, schau, die neuen Münchner Kellnerinnen haben sich jetzt Alle französisch reformirt, du solltest auch Reform annehmen und ein offenes Herz zeigen."

Maske: „Itzt gengas glei, oder i kratz' Ihna b' Augen aus, Sie Reform-Vereinler, Sie!"

II.

Rother Domino: „Bist du's, Lisi? Ja, ja, i kenn di schon!"

Schwarzer Domino: „Freili bin is, aber warum hast denn net an schwarzen Domino g'nomma, die san doch billiger?"

R. D: „Ja woast, i hab' kein' mehr kriegt und i bin schon so, wann i koan Schwarz'n krieg, nimm i an Rothen."

S. D.: „Du, mei Herr kimmt a, er macht a an Domino."

R. D: „Ja, kennt er di denn oder du ihn?"

S. D.: „Er hat mir ja die Schleife da mit der Broche kauft als Merkmal."

R. D.: „No, der wird froh sein, wenn er von seiner langweiligen Frau fortkimmt."

S. D.: „Ja, die Gans die dumm' glaubt so Alles, was er sagt, sie meint, er sei heut' im Club. Na, is der bös a dumm's Weib, nix woaß und nix versteht's, wann i net war, wur dem Mann 's ganz Zeit nix Ordentlich's herg'richt, aber i sorg' eam schon, daß er seine richtigen Leibspeisen kriegt, die er hoamli zahlt. Dös is a braver Herr und heut' fahrt er mi hoam a no, ich kann eam aber a gar nix abschlagen, weil er so a Luder hot."

R. D. (demaskirt sich): „Erkenne deine Frau!"

S. D. (ohne Schreck): „Aber dös hab'n's dumm g'mocht, gnä Frau, hätten's doch g'wart, bis der gnä Heer a da is. — Is guat, daß alle Tag' zwanzig Köchinna g'sucht werd'n.

III.

Herr Meyer: „Aber meine schöne Tirolerin, du hättest freilich keine bessere Maske wählen können, um deine üppigen Waden zur Geltung zu bringen. Ich könnte mich in dieselben verlieben und wenn ich dein Gesichterl gesehen habe, vielleicht auch auf immer dein werden. Bist du frei?"

Maske: „Freilich. I bin a ganz freie Tirolerin und täglich zu haben. Wenn's anbeiß'n wollen, muß Ihna oder Ernst sei, Sie hob'n oder vorher a mit dem schwarzen Domino scheint's was abemacht? — Dös sag' i Ihna glei: Wildauerln dürfen's net."

IV.

Herr Huber: „Willst du, schöne Maske! nicht auch Wasser zu deinem Café? Es ist vorzüglich!"

Maske: „Sie san g'wiß Magistratsrath oder so was, denn kein Mensch sagt, daß hier 's Wasser guat is."

V.

Herr Schmidt: „Ich habe zwar dein himmlisches Antlitz noch nicht gesehen, aber deine herrlichen bezaubernden Körperformen lassen mich auf ein Engelsgesicht schließen. Laß dich an mein Herz pressen. **Ich liebe dich.**

Maske: „Sie müssen sich aber auch nach dem Preß gesetz eine Berichtigung gefallen lassen. — (Ins Ohr.) Ich bin Deine Frau.

Gasthaus-Empfehlung.

Der Unterzeichnete fühlt sich gedrungen, das Etablissement des **freundlichen Wirthes,** bei dem er sich auf 8 Tage einquartirt hatte, allen Einheimischen und Fremden auf's Wärmste zu empfehlen. Läßt die **Einrichtung** in ihrer — dem Auge **wohlthuenden Einfachheit** auch dem verwöhnten Weichling Etwas zu wünschen übrig, so wird er dagegen die Speisen, und sollte er täglich bei lukullischen Gastmählern schwelgen, unübertrefflich finden.

Suppe, kräftig, schmackhaft, wie — heiliges Walburgis-Oel! **Gemüse,** frei von dem bekannten Münchener Mehlkleister, vorzüglich, delicat, famos! Und was soll ich vom **Fleische** sagen? Tag für Tag derselbe köstliche, unaussprechlich saftige Bissen, als wäre er immer wieder aus den Lenden des gleichen preisgekrönten, unsterblichen Oktoberfest-Ochsen geschnitten, dessen wunderbare Natur den Raub stündlich auf's Neue ersetzt! — — Ja, meine Damen und Herren! kommen Sie hieher! Es sind gerade noch einige Zimmer und Betten frei. Die zahlreiche Einkehr läßt vermuthen, daß in ein paar Tagen das ganze Haus überfüllt ist. Eilen Sie, ehe es zu spät ist, sich die köstlichen Genüsse zu verschaffen! Sie werden sich zu unendlichem Danke verpflichtet fühlen dem

neulichen Bewohner von Nr. 14
des Stadtgefängnisses.

Grabschrift.

Hier ruht der Lümmelwirth, Hanns Grob,
Der sicher ist im Himmel drob,
Denn ließ ihn Petrus nicht hinein,
So schlug er wohl die Thür ihm ein.

F. X. Weitzmann, verantwortlicher Redakteur.
Druck der J. Deschler'schen Buchdruckerei.

Münchener Schalk.

(Sonntags-Beilage zum „Volksfreund".)

III. Jahrgang.　　Nr. 7.　　15. Febr. 1863.

Aufklärung.

Nante: „Da sieh man, Gottlieb! wie schön das Morjen-roth des juten Königs in dem einijen Deutschland aufjeht!"

Gottlieb: „„Aber ich seh nischt, Nante!""

Nante: „Det jlob ich wohl; Du mußt man einen tücht'ien Schluck Schnaps nehmen und damit fortfahren bis Du das Delirium tremens hast?"

Gottlieb: „„Wat is dat?""

Nante: „Dat is, — — ja, wart man! — — dat is ein unaussprechlicher Zustand, in dem man nischt sieht, als Allens, wat nich da is!"

Auferstehung des Fleisches.

Knix: „Haft Du gelesen? In Dänemark werden ja
jetzt die jungen Deutschen todtgeprügelt.“

Knax: „„Nun, dagegen werden die Deutschen wohl
aufstehen?!““

Knix: „Leider, daß man in Deutschland nicht mehr so
gläubig ist, wie in Polen: bei uns glaubt Niemand mehr an
die Auferstehung des Fleisches!“

Knax: „„Ja, leider, leider!““

Nachtwächter-Ruf.

Ihr Herr'n und Damen! laßt euch sagen:
Der Hammer — der hat Elf geschlagen.
Elf Jünger blieben dem Herrn getreu,
Und fragt ihr, wo der zwölfte sei?
O liebe Leut', der hängt am Strick, — —
Hieng' er doch früher, welches Glück! — — — —
Thut dieses lernen aus der Bibel:
Ein Judas stiftet alles Uebel!
Und unter Zwölfen immerdar
Ein Judas unser Lebtag war!
D'rum wimmelt's so von Judasseelen,
Daß sie uns schier zu Tode quälen!
Doch ist anjetzo der Schiedunter,
Daß sie nicht hängen frisch und munter,
Wenn sie 'nen Gaunerstreich vollbracht, —
Im Gegentheil! d'rob wird gelacht!
Der Mann heißt klug, er heißt politisch!
Der Zustand ist doch malefizisch!

O liebe Leut', bedenkt es wohl,
Daß man den Judas hängen soll,

Bevor er übet den Verrath,
Sich freuend einer bösen That.

D'rum thut die Stricke ja nicht sparen!
Hängt Judase mit Haut und Haaren!

Gute Nacht!

Auf der Straße.

A. Apropos! Der Hausbader seift seine Kundschaften tüchtig ein.

B. Ja wohl, er schneidet sie aber auch.

A. Nu, bei der Finsterniß ist's kein Wunder!

*

A. Etwas Gutes hat der Reformverein doch!

B. Da wär' ich neugierig!

A. Es gibt doch Anstellungen.

B. So? Welche denn?

A. Vorläufig hat man einen **Vereins-Bajazzo** angestellt.

B. So heißt der Vogel? Dem G'sang nach hätt' ich
ihn für 'n Dompfaff'n g'halt'n.

A. 'Rausg'fressen ist er genug!

Glück und Unglück.

Peter: „Johann! was laufst denn so?"

Johann: „„Ah, in zwanzig Häuser darf ich laufen:
die Frau Gräfin hat endlich an Bub'n kriegt.""

Peter: Das ist aber ein rechtes Glück für die Familie!""

Johann: „„Und unser Holzweib hat zur selben Stund'
auf der Stiege vom neunten Bub'n entbunden.""

Peter: „Ach Gott! das ist schon ein rechtes Unglück für die Familie!"

Die
Schwindelheim = Protzenburg = Dünkelbergische gottsverdächtige Verfassungsgeschichte.

I.

Wie der Fürst von Schwindelheim-Protzenburg-Dünkelberg die
Verfassung auslegt.

II.

Wie das Volk von Schwindelheim-Protzenburg-Dünkelberg die
Verfassung auslegt.

III.

Wie der Fürst von Schwindelheim-Protzenburg-Dünkelberg
das Beste seiner Verfassung zu retten sucht.

IV.

Wie der Fürst von Schwindelheim = Protzenburg = Dünkelberg
eingeht.

Telegraphische Depesche.

Zwischen Berlin und Kassel herrscht
wieder vollständiges Einverständniß.

Unterschied.

Ein Haynau sucht' freiwillig sich den Tod, —
Konnt' die Verachtuug nicht ertragen.
Bei einem Andern überbot
Man sich in seinen letzten Tagen,
Ihn mit den höchsten Ehrenwürden —
Im Grabe schier — zu überbürden.
Das war der Unterschied von Beiden,
Daß Dieser trug, was Jener wollte meiden.
Jedoch das freie Wort — mit rauhem Ton —
Schont weder Würden noch Person,
Die Mit= und Nachwelt sitzt zum Weltgericht,
Das nach Verdiensten nur sein Urtheil spricht!

Justus.

Auch ein Beweis.

A. „Glauben Sie wirklich, daß das Bier dumm macht!"

B. „„Wenigstens läßt es dumm; denn es ist auch kein Bischen Geist mehr darin!""

Gedanken-Spähne.

Langweile ist eine marklose Distel, die in der Regel nur auf dem Sandboden der Geistes-Armuth wächst. Von Disteln nährt sich der Esel, im äußersten Nothfalle auch das — edle Roß.

*

Elenden sein Elend klagen —
Heißt Wasser in's Meer tragen.

*

Den Schwachen geistige Ueberlegenheit fühlen lassen — ist eben so verrückt, wie gegen Lämmer Kanonen auffahren. In verzweifelter Nothwehr kann aber auch das Schaf gefährlich werden!

*

Für den Edlen sind die Gemeinen,
Was ein Bierfaß — edlen Weinen!

*

Du tadelst den Nachbar, weil er gestolpert? Im gleichen Falle hättest du vielleicht — den Hals gebrochen!

*

Junge Leute, die in Gesellschaft von Männern das große Wort führen wollen, sind lästiger, als das — Pfeiffen junger Spatzen.

Wer bei Austheilung von Wohlthaten und Ge-
fälligkeiten die Würdigkeit des Empfängers gar zu ängst-
lich prüft, ist wie ein Arzt, der den Kranken anatomisch
zerschneiden wollte, um dessen Krankheit zu erkennen!

*

Mißbrauch des Vertrauens ist eine Wunde, die
nach Innen blutet; sie vernarbt auch bei gesunden
Naturen nur langsam.

*

Reden der „Dunkelmänner" über den Fortschritt
hören sich an, wie der Gesang — blinder Benkelsänger."

*

Wenn den „alten Weibern" der Wirthshausbesuch
verboten wäre, bliebe mancher Wirth — ohne Gäste!

*

Der „Witzige" gehört zum Bienengeschlecht: Ho-
nig und Stachel sind immer bei einander; der „Witz-
macher" gehört zu den Wiederkäuern.

*

„Eigenlob" — stinkt, — „Eigentadel" — riecht
auch nicht nach Weihrauch.

*

„Leichtsinn" und „Derbheit" sind ungeschliffene
Edelsteine; geschliffen heißen sie: „Humor" und „Ge-
radheit."

———————

Deutsche Einigkeit.

A. „Die vielen öffentlichen Versammlungen der Schützen,
Turner, Sänger u. s. w. tragen doch viel zur deutschen Einigkeit bei."

B. „„Ach was! glauben Sie denn, man kann die Einigkeit zusammensingen?"""

A. „Erlauben Sie mir — —"

B. „„Nichts da! zusammenschießen muß man sie.""

A. „Wen? — Die deutsche Einigkeit?""

B. „„Nun? **Wen denn sonst?**""

Anzeigen.

1. Für den bevorstehenden Temperatur-Wechsel werden sowohl neue **Stricke** verkauft als auch alte reparirt.

2. Mehrere durcheinandergehende Lokalitäten werden zu miethen gesucht für **demokraten-reine Reformer.**

3. Gute, aber ungefährliche Posten werden abzulösen gesucht von **streitsüchtigen Conservativen.**

4. Haselnußstöcke, Fleckelschuhe, Flegelstöcke, Zierblumen und alle in sein Fach einschlägige Gegenstände empfiehlt

Adam Pfläumerl,
dürrer Früchtenhändler.

5. Ein gewandter **Zeitungs-Literat** empfiehlt sich zur Anfertigung aller Sorten von Leitartikeln und Korrespondenzen, sei es im national- oder reformvereinlichen, im demokratischen, republikanischen, konservativen oder ultramontanen Sinne. Auch wäre derselbe bereit, bei Gabelfrühstück mit Wein — Gesellschaft zu leisten: Weinhalle, Hauser, Vier Jahreszeiten 2c. 2c. gilt ihm gleich. Adressen unter **K. W. V.** werden schleunigst erbeten bei der Exp. d. Bl.

6. Eine **Mütze,** woran ein Kopf befestiget war, ging verloren. Berlinerhofstraße Nro. $\mathbf{I}/_0$.

F. X. Weithmann, verantwortlicher Redakteur.
Druck der J. Oeschler'schen Buchdruckerei.

Münchener Schalk.

(Sonntags-Beilage zum „Volksfreund".)

III. Jahrgang.   *Nr. 8.*   22. Febr. 1863.

Das Echo.

Michl (fingt):

„Das ganze Deutschland soll es sein!
Das soll es sein!
Ja soll es sein!
Das ganze Deutschland soll es sein!"

Ein Fuchs:

„„Die ganze Börse soll es sein!
Die soll es sein!
Ja soll es sein!
Die ganze Börse soll es sein!""

Demoralisation.

Fischer: „In der hiesigen Erzbiözese werden ja nächstens wieder an sechs Orten Missionen abgehalten werden."

Huber: „„Ja, es ist schrecklich, was unser Volk demoralisirt sein muß.""

Fischer: „Nun, natürlich! Für was wären denn sonst die — Prediger?"

Impromptu.

In der Gabelsbergerstraß drauß',
Wo Jahr ein und Jahr aus
Kein Licht brennt, steht a Haus,
Da haben die Gensdarmen
Zwei in Einer Woch' raus;
Dieß ärgert a Haus
In derselben Straß' drauß',
Da holten b'Gensdarmen
Nur a Einzige raus.

Allsfort neue Logik!

Pichler: „Du wirst sehen, bis zur nächsten Dult sind die berühmten Nördlinger Würstl auch wieder kleiner."

Pechler: „„So? Warum denn?""

Pichler: „Weil die Nördlinger jetzt auch die Gasbeleuchtung einführen."

Pechler: „„Nun, wenn die Beleuchtung Einfluß auf die Würstl hat, da müßten's in der äußern Kasernstraß so groß sein, wie die — Frauenthürm'!""

Einladung.

Alle Jene, welche gerne im Trüben fischen, werden hiemit eingeladen, sich in der äußern Kasernstraße anzusiedeln, da wahrscheinlich auch in diesem Jahre noch kein Oellicht, viel weniger eine Gasflamme dort zu finden sind wird.

Die Götter und Göttinnen der Nacht.

Auch richtig!

Töpfler: „Du, dem Magistrat sind von 1861/62 wieder 177,000 Gulden übrig geblieb'n; da könnt' er jetzt a Bräuhaus errichten und dem Publikum a recht gut's Musterbier liefern. Dös rentiret si und wär dankenswerth!"

Tapfler: „„A gut's Bier? Hörst denn nit allweil, daß er nit a mal a gut's Wasser liefern kann?

Die gefährliche Tafel.

Tüpfler: „Du warst ja gestern zur Tafel geladen?"

Tapfler: „„Ja wohl! Es gab zwölf Gerichte.""

Tüpfler: „Gott sei uns gnädig! Ich hatte nur Einmal bei Einem Gerichte zu thun, und ist mir schon da aller Appettit vergangen."

Nachts Zwölfuhr.

Müller: „Hörst du? — In dem Wirthshäusl geht's noch lustig 'runter, da singen's 's Lied vom deutschen Vaterland."

Huber: „„Nun, um die Zeit laß ich mir's g'fallen, — da ist schon Alles besoffen; aber nüchtern weiß jetzt Jeder, wie's um's „deutsche Vaterland" steht.""

Oben und Unten.

Mayer: „Die Ehen werden im Himmel beschlossen, — sagt man; und doch gibt es im Himmel keine Ehen, wahrscheinlich — um mit einer gewissen Logik zu sprechen — weil es in der Ehe auch keinen Himmel gibt. Denn seit diesem Beschluß von Oben muß ich mich über meine Hälfte Ehe täglich ärgern."

Schmid: „„Ja, es wird halt Oben gar Vieles beschlossen, worüber man sich Unten ärgern muß.""

Der junge Demokrat.

Erster Auftritt.

Schusterbub: „Wart, malefiz Vieh! i will dir allweil nachlauf'n. Sagt's mei Altg'sell doch tausendmal, daß ma alle Spitzln verschlag'n sollt."

Bürokrat (für sich): „„Aber den Halunken — wenn ich erwisch!""

Zweiter Auftritt.

Bürokrat: „Komm her, Büberl! Ich schenke dir was."

Schusterbub: „„Aha! Du bist mir scho der rechte Bismark, wenn si b'Königsbeißerl hinter bi steck'n. Mi stimmst nit!""

Politik im Vorbeigehen.

Müller: „Aus der Rede des preußischen Kronprinzen können sich die Liberalen herausnehmen, was sie zu erwarten haben."

Mayer: „„Wenn nur nicht die Andern bald zu erwarten haben, daß sich die Liberalen Etwas herausnehmen!""

Bitte an die hiesigen Redaktionen.

Da nicht alle wißbegierigen Münchener so viel übrige Zeit und übriges Geld haben, auswärtige Blätter zu halten, so stelle ich im Interesse meiner Mitbürger die Bitte, die an

Gedankenreichthum, logischer Entwicklung und hervorragender Stylistik gleich ausgezeichnete Rede, welche Herr Bäckermeister Seidl im Reform=Verein hielt, auch hier erscheinen zu lassen.

Nagelhuber,
bayrischer Großdeutscher.

Sentenz.

„Das was man scheint, hat Jedermann zum Richter, das was man ist, hat keinen — läßt Schiller seine Maria Stuart sagen, und „Kein Prophet hat Werth im eignen Lande," — sagt der Herr. Vom Standpunkte dieser Wahrheiten aus ist erklärlich, warum des Herrn Seidl Rede im Reform-Verein zu München nicht überall gedruckt und verbreitet wurde."

Anzeige.

Herr Seidl sagte in seiner Rede im Reform=Verein: „Wir sind Alle Deutsche und wollen Deutsche bleiben, wir wollen aber nicht Vasallen Preußens und auch nicht ein An- hängsel Frankreichs werden."

Dem gegenüber erkläre ich, daß ich recht gerne Vasalle Preußens wäre, wenn auch nur mit 10,000 Thaler Rente.

Silbermeyer,
bayrischer Nationalvereinler.

Theatralisches.

A. „Nun, das neue Theaterstück ist halt a wieder durch- g'fall'n?"

B. „„Was für eins?""

A. „Die zwei Wittwen!"

B. „„Ach was, itzt fall'n die meisten Wittwen durch.""

Aerztliches.

A.   Wie kommt's denn, daß jetzt wieder so heftige ärztliche Streite entstehen?   Die Herren Doktoren scheinen immer noch weit vom Rechten zu sein."

B.   „„Es verhält sich heut zu Tage mit der **rechten Pflege der Menschen**, wie mit der **Rechtspflege der Juristen**.""

Juridisches.

A.   „Also den Schalksnarren haben's doch bis zur **Festungsstrafe** gemaßregelt?"

B.   „„Nachdem sie ihn genug **gehetzt** und **gejagt** haben, haben sie ihm eine **sitzende** Lebensweise verordnet.""

Plastisches.

Müller: „Ah! Das ist eine herrliche **Themis**! Sagen Sie mir, warum ist denn die **Göttin der Gerechtigkeit blind** geworden?"

Huber: „„Weil sie die Augen zu oft zudrücken mußte.""

Anzeigen.

1.   Mehrere **geschickte Wegmacher** finden dauernde Beschäftigung in Berlin am Schloßgraben.

2.   Schönste **Bismark=Glanz=Wichse** ist stets frisch zu haben bei G. Schwerin in Berlin.

NB.   Dieselbe ist besonders **Ministern** zu empfehlen, die sich **auf den Glanz** herrichten lassen wollen.

3.   Zur Verfertigung von **Lojalitäts=Adressen**, geschmückt mit des **Unsinns schönsten Frühlings=Blüthen**, empfehlen sich die

Gebrüder Schmierhuber.

4.   Das **Delirium tremens,** auf Deutsch: „Säu=
fer=Wahnsinn," — dann „Anatomie der Stroh=
köpfe," beide in Eselhaut gebunden, werden zu wahren
Spottpreisen abgegeben !n der bekannten

Antiquariats-Handlung
Berlin, hinter den Linden.

Heinz und Murrner.

Murrner: „Ei, Freund Heinz! dich sieht man ja an
den Abenden gar nicht mehr; wo steckst du denn immer?"

Heinz: „„Ich bin regelmäßig beim Kapplerbräu oder
im Augsburger=Hof, wenn der Bremser=Verein seine
Versammlungen hält.""

Murrner: „Was Teufel! bist du Reaktionär ge=
worden, — du — dem sonst die Freiheit über Alles
ging?"

Heinz: „„Laß dir was sagen, Freund Murrner! Wenn's
der Reform=Verein dahin bringt, daß Jedermann in
Deutschland sich **so gut nährt, wie seine Mitglieder:**
dann bin ich — **der eifrigste Reformer!**""

Murrner: „Ja — **wenn!** — Aber diese Herren
vertrösten die armen Leute immer nur auf die Güter im
Himmel!"

Heinz: „„Was? Betrüger und Lämmel?""

Murrner: „Erzesel!"

F. X. Weithmann, verantwortlicher Redakteur.
Druck der J. Deschler'schen Buchdruckerei.

Münchener Schalk.

(Sonntags-Beilage zum „Volksfreund".)

III. Jahrgang. **Nr. 9.** 1. März 1863.

Herkules am Scheidewege,

oder:

Selbstgespräch des Krämers Deodat Zichorius:

„Nationalverein oder Reformverein? — — —
Hier Geschäftsfreunde und dort Geschäftsfreunde! — Kundschaften rechts und Kundschaften links! — Und Aufforderungen
zum Beitritte von beiden Seiten! — — — Da soll Einer
wählen! soll klug sein! — — Politik da und Politik dort!
— — Was ist Politik? — — Politik? — — Nun ja,
Politik — ist — Politik! — — — Man muß es nirgends
verderben, — muß sich nirgends ausschließen, — man muß
— ja, ich hab's! — Deodat Zichorius hat Etwas,
was ihn überall beliebt macht! Er hat — **Geld!**"

Möglich!

Grübler: „Du, was bedeut' denn das blaue Taferl an den griechischen Propyläen?"

Grabler: „„Ich denk' halt, es bedeut', daß Bayern doch an blauen Fleck in der griechischen G'schicht davon 'trag'n hat!""

Richtig.

Die Behauptung, daß der Staatsmann X ein Esel sei, weil er schon viele Fehltritte auf dem Wege verfassungsmäßiger Zustände gemacht habe, ist nicht richtig; denn bekanntlich macht der Esel bei seinem sehr sicheren Gange nur äußerst selten — einen Fehltritt.

Auch wahr.

Viele Buchhändler handeln mit sehr wenig Energie, vielleicht, weil ihnen verboten ist, mit „Nachdruck" zu handeln; dafür drucken sie vorher — den Schriftsteller.

Oeffentliche Bitte.

Der gehorsamst Unterzeichnete, bereits dreimal bestohlen, bittet die verehrlichen Herren Diebe, sich doch lieber an höhere Häuser zu wenden, welche die Segnungen des Friedens leichter aushalten können.

Tratschmayer,
bürgerl. Ladenbesitzer.

Politisches Feuerwerk.

Huber: „Glaubst du nicht, daß wir dieses Jahr noch ein politisches Feuerwerk zu sehen bekommen.“

Mayer: „„Man sollte es meinen; wenigstens werden schon Schwärmer genug losgelassen.““

Räthsel für Schulkinder.

Frage: „Was werden die **Preußen**, wenn sie den Kopf verlieren?“

Antwort: „„**Reußen!**““

Meister Gradaus und Geselle Vorwärts.

Geselle: „Sie, Meister! was will denn eigentlich der Reformverein?“

Meister: „„Dummer Kerl! wie kann denn ich dies wiss'n? Wissen's ja seine Mitglieder selber nit.““

Geselle: „Ja so? Was will nachher der Frankfurter Bundestag?“

Meister: „„Das is 'n alte G'schicht: der will nix““

Geselle: „Und was wollen's in Berlin?“

Meister: „„'s **Gottes-Gnaden-dumm.**““

Geselle: „Und was woll'n die Andern in Bayern?“

Meister: „„Nu, die sind auch z'frieb'n, wenn b'Leut mit Gottes Gnab'n recht dumm bleib'n!““

Die rechte Mitte.

Tüpfler: „Nicht wahr, in Paris hat der Kaiser Napoleon und in Wien der Kaiser Franz Josef jene Industrielle, welche auf der Londoner Welt-Industrie-Ausstellung Preise errangen, auf eine recht ermunternde Weise empfangen und geehrt? Was ist denn in München in dieser Sache geschehen?"

Tapfler: „„In München? Ich glaub', in München hat man jedem Industriellen seine Medaille durch einen Ausgeher in's Haus geschickt.""

Tüpfler: „So, so, so-o-o-o-o? — — Ja, München wird zwischen Paris und Wien so ziemlich in der Mitte liegen. In München weiß man halt immer und in Allem die rechte Mitte zu finden!"

Gute Gründe.

Salzmüller: „Der Garibaldi schwärmt halt immer noch für die Freiheit Rom's und Venedig's."

Bandlhuber: „„Recht hat er! ganz recht! Namentlich was Venedig betrifft — vollkommen recht!""

Salzmüller: „Was? Du — ein Mitglied des Bremser-Vereins — du schwärmst für Garibaldi — Rom und Venedig?"

Bandlhuber: „„O Freund! seit ich auf dem letzten Balle in die Augen der schönen Venetianerin blickte und des anderen Tages meine österreichischen Papiere losgeschlagen habe, bin ich ein Anderer!""

(Erhaben und feierlich.)

„„Wir sind nicht immer, was wir scheinen — müssen!""

Der vorsichtige Volksredner.

Meine Herr'n! Da man es nach dem neuen Polizeigesetz 24 Stunden vorher auf der Polizei anzeigen muß, wenn man Etwas reden will, was man das freie Versammlungsrecht heißt. Also machen Sie die Thür zu und werfen Sie Jeden hinaus, der nicht herein gehört, weil es jetzt wieder sehr viele Spitzeln geben soll, wodurch wir denn als eine geschlossene Gesellschaft öffentlich auftreten können, was Herr Professor Neumann bewiesen hat, obgleich ich das immerwährende Sammeln nicht leiden kann, wenn man so nur mehr ein paar Sechser in der Tasche hat, die der Arbeiter sauer verdient.

Uebrigens komme ich jetzt darauf, was in der Zeitung steht, wie nämlich der König von Preußen die jungen Polen an Rußland hat ausliefern lassen, welche friedlich durch sein Land nach Hause reisen wollten und wo sie von den Russen wahrscheinlich erschossen worden sind, was man die p r e u ß i s c h - r u s s i s c h e K o n v e n t i o n heißt:

Dagegen hat der türkische Sultan im Jahr 1849 sich geweigert, die ungarischen Flüchtlinge auszuliefern, die in seinem Lande Schutz gesucht haben, und hätte sich lieber von Oestreich und Rußland den Krieg erklären lassen, was man auf französisch die t ü r k i s c h e J n t o l e r a n z heißt.

Allein übrigens wollen wir nicht in Politik machen, was doch eine Schmier für einen Spitzl gäbe, wenn vielleicht noch ein Versteckter da ist, und reden wir lieber von etwas Anders.

Ja, meine Herren! es gibt zweierlei Menschen auf der Welt, nämlich ehrliche Leute und Schufte. Obgleich auch hin und wieder in einem groben Kittel ein Schuft steckt, so kann es doch auch vorkommen, daß in einem feinen Rock ein ehrlicher Mann steckt. Aber ich habe Ihnen schon gesagt, daß ich jetzt nicht mehr vom König von Preußen rede, wo ich jedesmal voraussetze: „mit Respekt zu melden", — was ich vielleicht vorhin vergessen habe, und dieß kann Einem doch leicht passiren.

Also, meine Herren! dem türkischen Sultan und allen ehrlichen Leuten bringe ich ein dreifaches: „**Hoch! hoch! hoch!**"

Schlüßlich mit gedämpfter Stimme allen Schuften ein „**Pereat!**"

— ✴ —

Sympathetisch.

Wenn dänische Beamte in Schleswig-Holstein die Jugend **zu Tode prügeln**, dann erschallt **ein Schrei des Unwillens** durch ganz Deutschland. Dieses Schreien klingt sehr — sympathetisch!

Aber ich glaube, nach der sympathetischen Heilmethode wäre es besser, wenn wir Deutsche einmal nach Schleswig-Holstein gingen und einige Tausend Dänen zu Tode prügelten, daß **ein Jubelschrei** der schleswig-holstein'schen Jugend durch ganz Dänemark erschallte!

— ✳ —

Folgerung.

Herr Bräu: „Nu Sie, mit unsre **städtischen Wasser-Anstalt'n** geht's halt jetzt doch vorwärts."

Herr Brüh: „„Ja, ma merkt's scho seit längerer Zeit **am — Bier!**""

— ∿ —

Aufklärung.

Müller: Du, wird denn die Fortschrittspartei des preußischen Abgeordnetenhauses auch ein **Festessen** zur Feier des Freiheitskampfes halten?"

Huber: „„Ach Gott! die Leute haben ja ohnehin schon längst **bis an den Hals satt!**""

Neuestes.

Der Reformverein zu Dingskirchen soll in seiner letzten Generalversammlung beschlossen haben, den König von Preußen um die Stiftung eines Universal-Bremser-Ordens allerunterthänigst zu bitten. Die Insignien sollen aus einem — von sibirischem Eisen geschmiedeten und wenigstens 50 Zollpfund schweren Radschuh und aus einem starken, schwarz-blau-weißen Stricke bestehen. Letzterer wird mittelst einer Schlinge fest um den Hals gezogen. Eine große Anzahl würdiger Persönlichkeiten soll zur Begnadigung mit diesem Orden vorgemerkt sein. — — — Prosit!!!

Begegnung.

A. „Nu, Bierhuber, wohin denn so eilig?"

B. „„Ja der Landwehr-Unterstützungs-Verein hat heut General-Versammlung, es wird der Rechenschafts-Bericht abgelegt.""

A. „Und da müßt ihr in Uniform mit Helm und Busch kommen?"

B. „„Ja, so hat's unser Oberst vorg'schrieb'n, der ist gar g'scheidt, der hat den Verdienstorden vom deutschen Michel, glaub' i, heißt er, der weiß scho, daß der Bürger, als Soldat, nichts dagegen reden darf.""

A. „Nu, i gratulir zum 2. März!" —

B. „„Was ist denn mit dem?""

A. „Schau nur in Kalender! — Der kommt halt 1 Tag nach Eurer General-Versammlung."

Neueste Posten.

Berlin. Politische Oekonomen versichern, daß die Temperatur, welche gegenwärtig in Preußen und Rußland herrscht, eine unerwartet günstige Ernte verspreche. Der **republikanische Weizen** soll bereits in voller Blüthe stehen!

Frankfurt. Die preußische Regierung beantragt Wiederherstellung des deutschen Bundes in seiner ursprünglichsten Beschaffenheit und will sich gegen die österreichischen Fortschritts-Gelüste nöthigenfalls mit Rußland verbinden. — Gut wäre es, wenn man einmal dem deutschen Volke — zum heilsamen Schrecken — das vielköpfige Ungeheuer „**deutscher Bundestag**" in seiner adamischen Blöße zeigte; noch besser, wenn man die „**russische Knute**" auf dem Rücken des deutschen Michels ein wenig tanzen ließe: vielleicht würde er doch endlich die **Schlafmütze** von den — — — Ohren ziehen!

Wien. Die „Presse" meint, das deutsche Volk werde jetzt zur Ueberzeugung kommen, daß es **Preußens Regierungskünstlern** — die **Verwesung** seiner nationalen Einheit, Größe und Würde noch lange nicht anvertrauen könne. Ich meine doch, die **Verwesung** jener kostbaren Güter könnte nirgends rascher vor sich gehen, als in den Händen der **preußischen Minister**!

Mexiko. Der General Ortega hat den Feinden **680 Maulesel abgenommen.** — Liebster, bester Herr Ortega! wollen Sie doch um Gotteswillen uns armen Deutschen auch **einige Hundert Esel abnehmen**!

China. Der Kaiser soll von Berlin eine **Verfassung** nebst **Gebrauchsanweisung und zugehörigen Ministern"** verschrieben haben.

F. X. **Weithmann**, verantwortlicher Redakteur.
Druck der J. Deschler'schen Buchdruckerei.

Münchener Schalk.

(Sonntags-Beilage zum „Volksfreund".)

III. Jahrgang.   *Nr. 10.*   8. März 1863.

Stille Betrachtungen.

ER: „Diese zahlreiche und bunte Gesellschaft hohler Gypsköpfe wird mir nachgerade langweilig. Ich liebe die Einfachheit und hasse jede Ueberfüllung; diese Geschmacks-Richtung stammt von meiner deutschen Erziehung her. Ein prächtiges Volk, diese Deutschen! Einfach, verständig, — lauter Philosophen! Ja, leider! nur zu viel philosophisch und zu wenig praktisch! — — — Sollte ihnen auch einmal unter die Arme greifen, — wäre eigentlich eine Pflicht der Dankbarkeit! — — Hm, hm, hm! — Dankbarkeit? — — Für die vielen Schmeicheleien in Presse und Kammern? — — — Nun, nun, — bin ein guter Christ, — das bezeugt Rom! — — Also — keine Rache! — — — Aber die Gypsköpfe sind mir zu viel! Muß einmal mit dem Fuß an ihrem Gestell wackeln —: Wer fällt — der fällt! — Wer nicht fällt — der bleibt."

Zeitfragen.

(Für die richtige Beantwortung jeder Frage wird ein Frei=
Exemplar von den Gedichten des Herrn Dr. Hautsch abgegeben.)

I.

Warum sollten wir denn die Speisen besser und schmack=
hafter bereiten? Die Leute essen und bezahlen auch so.

Die vereinigten Kostvergeber.

II.

Warum sollten wir denn das Bier stärker, malzreicher
und billiger machen? Die Leute trinken und bezahl:u auch so.

Die vereinigten Wasserfärber.

III.

Warum sollten wir uns denn mit größeren Rollen pla=
gen, fleißiger studieren, besser spielen, sprechen und singen?
Die Leute gehen auch so in's Theater und bezahlen.

Die vereinigten Komödianten.

IV.

Warum sollten wir denn besser regieren, weniger nehmen
und mehr geben. — Die Leute sind ja so auch zufrieden.

Die vereinigten Wart'-a-bisl!

Oeffentliche Danksagung.

Die Unterfertigten sehen sich mit Vergnügen veranlaßt,
der eben so humanen wie fortschrittsfreundlichen Redaktion eines
hiesigen Blattes ihren tiefgefühlten Dank auszusprechen für die
Aufnahme des Bremserartikels im Blatte vom 28. Februar,
worin ein „Frommer“ meint, das „bayerische Landrecht“
lasse die Prügel so zu, daß auch der Dienstherr seine
Dienstboten körperlich züchtigen dürfe. Wir werden
diesen hohen Edelsinn nie vergessen!

Die sämmtlichen Dienstboten
des freien Deutschlands.

Noblesse und Gefühl.

Tüpfler: „Aber du, der Herr von Katzenbuckl muß ein hartes Herz haben, daß er einem Mann, der ihn uur um so viel Gehalt bat, als seine Mitbediensteten haben, gleich die Thüre zeigte. So Einer hat doch gar kein Gefühl!"

Tapfler: „„Woher denn Gefühl? — Ja, so, wie die drei Buben, welche neulich an einer Katze die empörendste Quälerei verübten.""

Tüpfler: „Ja wohl! Und solche Früchtchen finden später nicht selten wegen ihrer „nobeln Geburt" Protektion und kommen empor."

Tapfler: „„Ganz richtig! — Ich will nur sehen, was gegen solche Bürschchen das Gesetz vermag?""

Tüpfler: „Bin auch neugierig! Aber glauben thu' ich nichts, was ich nicht schwarz auf weiß lese."

Aus dem Münchener Leben.

Herr von Hirnlos: „Ah, Sie sind der Mann, der mir so gut empfohlen wurde! Sie sollen ein sehr braver, geschickter und fleißiger Arbeiter sein."

Ilsmaier: „„Bitte sehr, Euer Gnaden! Ich glaube in Allem meine Schuldigkeit zu thun.""

Herr von Hirnlos: „Nun, Apropos! sagen Sie mir, Sie sind gewiß auch im katholischen Gesellen-Verein."

Ilsmaier: „„Nein, Euer Gnaden! und zwar aus Grundsatz nicht.""

Herr von Hirnlos: „Hm, hm, hm! — — — Nun, nun, — — Sie sind doch nicht Mitglied des Arbeiter-Bildungs-Vereins?"

Ilsmaier: „„Allerdings, Euer Gnaden! das bin ich.""

Herr von Hirnlos: „Was? Und man hat Sie mir empfohlen? — Unbegreiflich! — — In diesem Falle habe ich für Sie keine Arbeit. — Guten Morgen!"

Ein unsichtbarer Geist: Guten Morgen, München!

Zeugniß.

Dem hochwürdigen Herrn **Gg. Mayr**, Präses des katholischen Central=Gesellen=Vereines München bezeuge ich der Wahrheit gemäß und mit Vergnügen, daß er durch ein Inserat im „Münchner Boten", — gerichtet gegen einen Artikel des „Volksfreundes" mit der Ueberschrift: „Die katholischen Gesellenvereine", — den hinlänglichen Beweis geliefert habe, daß er

> „ein würdiger Nachfolger des Pater Kolping, wenigstens
> „eben so grob wie ein Klosterpförtner, und darum auch
> „ein tüchtiger Exerziermeister für das hiesige Contingent
> „der geistlichen Miliz sei. Mögen alle Kolpings=Re=
> „kruten, welche grobe Anmaßnng statt gründlicher Belehr=
> „ung hinnehmen, seine getreuen Anhänger bleiben! Der
> „heilige Simplicius segne sie und ihn!"

Münchener Schalk.

Inserat.

Mehrere Fuder Saubohnenstroh sind zu verkaufen.

Reflektirende wollen ihre Adressen unter Gg. M. in der Expd. d. Bl. hinterlegen.

———>**◄►**◄———

Gerücht.

Die Münchener Dienstboten beabsichtigen dem hochherzigen Verfasser des Prügelartikels auf dem Gänsbühel ein Monument zu errichten, da am Viehmarkt kein Platz zu erwerben ist.

Die verdrahte Justiz.

Bierhuber: „Herrgott! Wer kann bös les'n? — Wie hoaßt jetzt der griechisch' Justizminister? Da lies du's!"

Bockmayer: „„Pa = per = la = ja = ji = ro = ju = lus.""

Bierhuber: „Na, is bös a verdrahter Nam'n!"

Bockmayer: „„Is ja b'Justiz a verdraht!""

Bücher-Anzeige.

In der Verlags-Buchhandlung von Friedrich Jakob Wilhelm Daniel Nonpossumus ist soeben erschienen und für 3 schlechte Groschen zu haben:

GALLERIE

berühmter Männer der Gegenwart.

1. Heft:

Simplicius Edler von Kalbskofski,

Premier-Minister des Königs der Eskimos und Lappländer, Großkomthur des lappischen Schafinski-Ordens 2c.

☞ Jeder Gebildete wird sich freuen, aus erschöpfenden biographieh'schen Beschreibungen und wohlgetroffenen Porträten die jetzt lebenden, besonders die politischen Berühmtheiten Europa's gründlich kennen und achten zu lernen. — Unser Vorsatz wird darum auf einen guten — Absatz rechnen dürfen!

Urſache.

Müller: „In München ſollen ja jetzt ſchrecklich viele Menſchen an Herzfehler ſterben."

Huber: „„Ja was iſt denn da die Urſach'?""

Müller: „Was weiß ich? Man ſagt, die allzuvielen herzbrechenden Erzeugniſſe der ſchönen Literatur am Iſarſtrande."

An den Propyläen.

O du herrlicher, prächtiger Bau,
Gefertigt aus lauter Behau-
Enen Steinen, gebrochen in Gau-
En, die alljährlich ich ſchau;
Wenn ich mit der herzliebſten Frau,
Sobald, als die Witterung rauh
Sich leiſe verliert und wird lau,
Hinaus in's Gebirge mich trau;
O du herrlicher, prächtiger Bau,
Wie faßte mich heimliches Schau-
dern und wirklich ein tiefes Bedau-
Ern, als kürzlich — (noch glänzte der Thau
Auf der Wieſe) — der Metzger Wauwau
Durchtrieb a großmächtige — —

Valentin Hobelmayer,
Privatgelehrter und Mitglied mehrerer
gelehrter Genoſſenſchaften,
Recenſent mehrerer Zeitſchriften.

Meister Gradaus und Geselle Vorwärts.

Geselle: „Sie, Meister! ich hätt' jetzt a Mitt'l aus-
studiert, wie man die deutsche Einigkeit mach'n könnt'!"

Meister: „„Das wird was G'scheidt's sein?""

Geselle: „Nu, passen's a mal auf. I thät' die groß'n
Herrn, die sich um die G'schicht streiten, alle in an großen
Mörser 'nei und thät's sauber z'samm'stampfen und an Ein=
zig'n d'raus mach'n. Ha?"

Meister: „„Du Narr, du! Wo thät'st denn den
groß'n Mörser herbringen?""

Geselle: „Nu, da müßt' halt Alles z'sammschieß'n."

Meister: „„Dir träumt's allweil nur vom Z'samm=
schieß'n.""

Geselle: „Nu, i mein' halt, so bringt ma' am
G'schwindest'n 'was z'samm'."

Meister: „„Larifari.""

———— ❦ ————

Telegräfliches.

Berlin. Es muß als eine böswillige Verläumdung bezeichnet werden, wenn die „schlechte Presse" behauptet,
daß die preußischen Militärbehörden die — auf preußischem
Gebiete ergriffenen Polen — an die russischen Truppen
ausgeliefert haben. Dieselben werden vielmehr ganz einfach
über die Grenze **transportirt** und es ist nicht die Schuld
der preußischen Regierung, wenn jedesmal gerade da, wo man

die Polen ausläßt, auch schon russische Truppen stehen. Der Empfang ist übrigens jedesmal ein solcher, wie wenn Jemand mit — großer Sehnsucht erwartet wird. **(Das ist zum Erschießen.)**

Wien. Die galizischen Landtagsabgeordneten haben nicht nur ihren Dank dafür ausgesprochen, daß man den galizischen Landtag geschlossen hat, um ihnen die Gelegenheit zu nehmen, ihre polnischen Sympathien auszusprechen, — sondern sie haben auch durch eine eigene Deputation die österreichische Regierung um **Vorlegschlösser** vor den Mund bitten lassen, damit ihnen das Schweigen erleichtert werde.

Petersburg. Die russische Regierung hat den strengsten Befehl gegeben, daß dem polnischen Aufstande innerhalb längstens **10 Tagen** ein Ende gemacht werde. Sollte dieß nicht geschehen, dann will sie — **noch ein wenig warten.**

Warschau. Eine russische Patrouille von 6 Mann stieß auf eine Insurgenten-Bande von 300 Mann und schlug diese „**auf's Haupt**". Von den Insurgenten blieben **mehrere** Tausende todt auf dem Platze, die übrigen wurden quintelweise auseinandergesprengt. Auch erbeuteten die Russen 600 **Musketen, 7 Kanonen** und 12 **Munitionswagen.** — **Nachschrift.** Die Aufständischen sind weder im Besitze von Waffen noch von Munition. Der Aufstand ist so zu sagen gar kein Aufstand.

Prüglowitz. Die Russen haben durch die Aufständischen unter Langiewicz eine furchtbare Niederlage erlitten.

F. X. Weithmann, verantwortlicher Redakteur.
Druck der J. Deschler'schen Buchdruckerei.

Münchener Schalk.

(Sonntags-Beilage zum „Volksfreund".)

III. Jahrgang.   *Nr. 11.*   15. März 1863.

Rath: „Er scheint mir **ein Vagabund** zu sein! Was will Er?"

Schlucker: „„Euer Gnaden! ich habe gehört, daß eine Bürobienerstelle frei ist — —""

Rath: „Was? Er wird doch nicht — ?"

Schlucker: „„Euer Gnaden! Ich war fünf Jahre in päpstlichen Diensten.""

Rath: „So? — Nun, nun —"

Schlucker: „„Ich war anno 48 Mitglied des monarchisch-konstitutionellen Vereines.""

Rath: „Nun, das läßt sich hören!"

Schlucker: „„Ich bin Mitglied der katholischen Gesellen-Vereine gewesen in Tripstrill, Schlampampen, Dummingen, Protzenhausen — —""

Rath: „Nun, gut! Ich seh schon, Sie sind **ein ordentlicher Mensch**; für Sie kann man schon Etwas thun. Verlassen Sie sich darauf, ich werde für Sie sorgen."

Auf der Straße.

Müller: „Ja, 's is merkwürdi! Nu grob Fünfi hob'n die bös'n Bauernbub'n kriegt, und hätt' doch jeder Fünfazwanzgi verdient!"

Huber: „„Jo, woaßt d', d'Bauern san jetz gor g'scheid; dö halt'n si an b' Abvokat'n. So a Karl lauft von Dan zum Andern und schaugt, ob koa Prozeß 'rausschaugt.""

Müller: „Jo, dö Bauern san große Spitz-Mäus!"

Huber: „„Jo, und Saumäg'n hobn's, — sie krieg'n koan — Katz'njammer.""

Der Jubel

in München ist unerhört und unbeschreiblich! Ueberall fröhliche und lachende Gesichter, Gläubiger und Schuldner drücken sich die Hände, und jahrelange Feinde stürzen sich auf offener Straße versöhnt in die Arme mit den Worten:

„Fräulein Stehle bleibt bei uns!"

Die Stehle-Enthusiasten schlagen öffentliche Purzelbäume und beschädigen sich dadurch auf dem Münchener Pflaster der Art, daß sie ganz verschlagene Köpfe haben. — Fräulein Stehle bleibt — das ist genug! Sie hat uns Münchener lieb, und hat sich deßhalb weder in Berlin noch in Wien hören lassen, sondern sie will die Unsrige bleiben unter den bescheidensten Ansprüchen, welche je eine junge Dame gemacht hat, selbst wenn sie von derselben Bühne erzogen und gehoben wurde. Sie bleibt — und nun können wir ruhig schlafen, wenn auch Frln. Stöger und Schwarzbach gehen.

Heil sei dem Tag, an welchem sie bei uns erschienen!

Fidel dumm! — Fidel dumm! — Fidel dumm! können wir jetzt mit dem Bürgermeister von Sardam — getrost und freudig singen.

Am Biertisch.

Müller: „Preußen hat ja den diplomatischen **Verkehr** mit Churhessen wieder angeknüpft."

Huber: „„Ja, zwei Seelen und Ein Gedanke — sagt der Dichter."„

Müller: „So? so erklären Sie die Sache? Ich habe gemeint, weil in Preußen, wie in Churhessen, Alles — **verkehrt** ist?"

Häusliches.

Tochter: „Aber, ich bitte dich, liebe Mama! seit die Unterstützungen aufgehört haben und wir so schlecht leben müssen, werde ich täglich magerer."

Mutter: „„Trage eine größere Krinoline und schau dir um einen hohen und reichen Herrn!„„

Töchter: „Ach Gott! das geht nimmer; sonst hätten wir ja — unsere Unterstützungen noch!"

Nur 's Maul halten.

Klagler: „Aber Sie, ein gewisser hoher Herr soll ja seinen Maitressen nicht blos die Wohnungen prachtvoll meubliren, sondern sogar die Meubel schuldig bleiben."

Klügler: „„Aber ich bitt' Sie um's Himmelswillen, sind Sie doch still! — Der ordentliche Mensch, der nur Einen festen Schritt thut, ist immer ein Lump; sagen Sie aber über so einen hohen Herren Etwas, der nur die größten Schlechtigkeiten kennt und treibt, so sind gleich hundert bezahlte Schergenknechte der Ungerechtigkeit da, um Sie mit Wohllust z Grunde zu richten. — Ja mein Lieber! da heißt's: „Nu 's **Maul halten!**"

Zur Nachricht.

Der Reformverein in Zöpflingen zählt bereits **7 Mitglieder,** nämlich: **mich,** den Gemeindepfleger, den Stiftungspfleger, den Seelenhirten, den Sauhirten, den Nachtwächter und — die Hebamme *). — Jedermann, der den bekannten Beitrag leistet, kann noch Aufnahme finden.

Dietrich Pechschwarz,
Bürgermeister und Vereinsvorstand.

*) Anmerkung des Setzers: „Der Schulmeister scheint Demokrat zu sein und bedürfte vielleicht nur einer — Aufbesserung, um zu den „Guten" zu gehören?

—✳—

Hausmittel.

Wochen und Monate lang konnte ich Nachts gar nicht schlafen oder ich sah im Traume die unheimlichsten schwarzen Gestalten. Seitdem ich aber Abends die Großdeutschen besuche, überfällt mich gewöhnlich ein tiefer Schlaf und ich kann gar nicht geweckt werden, bis mir Jemand mit Gewalt den „Münchener Omnibus" aus der Hand reißt, den ich deßhalb allen Leidenden empfehle.

Thadärl.

Nachschrift. Ich glaube, daß Ein Exemplar für eine ziemlich große Gesellschaft ausreichen dürfte, was besonders nach dem Geschmacke der Münchener sein möchte, wo gewöhnlich 10 Familien auf ein einziges Blattl miteinander abonniren, besonders die Geld= — hazi! hazi! hazi!

Der obige Thadärl.

—✳—

GALLERIE

berühmter Männer der Gegenwart.

2. Heft:

Damian Stierle,

Protektor des bramanischen Gesellen=Vereines in Kalikut,

Mitglied des chinesischen Reformvereines und mehrerer indogermanischer monarchisch-religiöser Vereine.

Bescheidene Frage.

Werden zwischen den privilegirten Versmachern und Ge-schichtl-Schreibern die Verträge, sich gegenseitig in den Zeitungen zu loben, auch beim Notar gemacht, oder durch Hand- (und –) Geld-Gelöbnisse?

Ein Wißbegieriger.

Mißverständniß.

J ä g e r : „Nun, wie seid Ihr' denn mit Eurem Amtmann zufrieden?"

B a u e r : „„O, Sie, Herr Füchsler! der wär' recht in's Zuchthaus.""

J ä g e r : „Was, was? Euer Amtmann — in's Zuchthaus?"

B a u e r : „„Jawohl, Sie! bös is a scharfer; der könnt' b' Spitzbub'n zwief'ln, wenn er Zuchthauspräsident wär — oder wie ma bös hoaßt.""

J ä g e r : „Ah, so! Da hab' ich Euch vorhin mißverstanden."

B a u e r : „„Ja, was hab'n denn Sie g'moant, Herr Füchsler?""

J ä g e r : „Nun, nun, ich mein schon so, wie Ihr. Ihr seid also recht zufrieden mit Eurem Amtmann?"

B a u e r : „„Ja, ja; wissen's, Herr Füchsler! was ma sag'n muaß, dös muaß ma sag'n.""

Orden=Frage.

T ü p f l e r : „Hast's gelesen? Der italienische Räuber-Hauptmann Pilone hat und tragt drei Orden."

T a p f l e r : „„Nun, warum soll denn ein öffentlicher Räuberhauptmann nicht auch Orden tragen?""

An Berlin.

Dir steht ein S t a a t s s t r e i c h vor der Thür! —
Wer wird zunächst wohl — r e i s e n ?
Und Wer wird an der — h a r t e n Nuß
Die Zähne sich ausbeißen?

Filax und Dian.

Filax: „Was ist denn mit dir, Dian? Du rennst ja jetzt immer auf der Straße herum und warst doch sonst so getreulich bei deinem Herren."

Dian: „„Ach, seit mein Herr dem Reformverein angehört, kann's kein Teufel bei ihm aushalten.""

Filax: „Das versteh' ich nicht?"

Dian: „„Nun, wenn ich mich ein wenig frei bewegen will, greift er schon nach der Peitsche und schreit wie wüthend: Verfluchter Republikaner! willst du dich kuschen? — Und dann regnet's Hiebe, wenn ich nicht entwischen kann.""

Filax: „Was? dein Herr war ja Anno 48 der Rotheste unter den Rothen!"

Dian: „„Weiß wohl; seit dem ist er aber fett geworden und ist der Conservativste unter den Conservativen.""

Filax: „Ja, bei solchen Krebsen kann's freilich kein Hund aushalten!"

Gedanken-Spähne.

„Gesinnung" und „Charakter" heißt der schmale Weg und die enge Pforte, durch die man zu „Ruhm und — Hunger" eingeht; „Gesinnungs- und Charakterlosigkeit" die breite Straße und das weite Thor, durch die man zu — Ansehen und Ueberfluß gelangt.

*

Das Schicksal ist nicht ungerecht: es gibt dem Rechtschaffenen, den seine Schläge treffen, frohen Muth als Schmerzensgeld; nur der Thor wirft diese Münze weg, weil er — das Gepräge nicht kennt.

*

Wenn alle Schurken gehenkt würden, gäbe es Raum genug auf der Erde für all die Millionen; nur die Rechtsverdreher und Lügenpropheten machen uns — die Welt zu enge!

*

Verschämte Armuth? — — Welche Thorheit! — Seid unverschämt, oder — verzichtet auf das Leben!

*

Freiheit — ist ein Schatz, von Zwergen bewacht und von Betrunkenen gesucht. Schlaft euren Rausch aus, wenn ihr — Freiheit wollt!

*

Wie muß doch die ewige Seligkeit beschaffen sein, welche uns Jene versprechen, die uns auf der Erde nicht armselig genug machen können?

*

Wenn einmal die Schafe von den Böcken gesondert werden sollten, dürfte bei Manchem die Erkenntniß schwer halten, ob er mehr Schaf oder mehr Bock sei!

*

Gefallene Unschuld? — Nur Geld her! — damit deckt man heut zu Tage jede — Schuld.

*

Recht — gerecht — Gericht — Gerücht — Geruch — Pu-u-u-u-uh!!! — Wasser! — mehr Wasser! und alle Wohlgerüche Arabiens!

F. X. Weithmann, verantwortlicher Redakteur.
Druck der J. Oeschler'schen Buchdruckerei.

Münchener Schalk.

(Sonntags-Beilage zum „Volksfreund".)

III. Jahrgang.   *Nr. 12.*   22. März 1863.

Telegraphischer Bericht.

Petersburg. Die Russen hätten wieder einen glänzenden Sieg errungen, wenn nicht die Insurgenten das Schlachtfeld behauptet hätten. Trotzdem haben die Russen nur Einen Todten zu beklagen.

Athen. Die bayerische Dynastie ist nicht blos vom griechischen Throne ausgeschlossen, sondern sie kann auch nie mehr die Regierung in Griechenland erhalten.

Neapel. Neue Verhaftungen und Verschwörungen.

Palermo. Neue Verschwörnngen und Verhaftungen.

Mailand. Verhaftungen und neue Verschwörungen.

Turin. Verschwörungen und neue Verhaftungen.

Paris. Verhaftungen.

Madrid. Verhaftungen.

Mexiko. Nichts Neues.

Cayenne. Uebervölkerung trotz Fieber und Pestilenz.

Frankfurt. Die Ruhe in der Eschenheimergasse dauert fort.

Aphorismen von Jean Paul.

Es gibt kein besseres englisches Pflaster gegen viele Wunden des Schicksals, als die englischen Banknoten.

Der belogene Lügenprophet, der Mensch, hebt seine besten dicksten Schinkenknochen für die Jahre auf, wo ihm die Zähne ausfallen.

Der Zweck so mancher Privat-Erziehung ist weder, um von Innen zu erleuchten, als von Außen zu illuminiren, daher denn die Augen unserer jetzigen Jugend oft mehr Schmuck als Glied sind; so haben die Schmetterlinge auf den Flügeln Augen, und der Pfau auf dem Schweife, beide aber sehen nichts damit.

Der Eine besitzt Haufen Goldes, er stirbt und wird vergessen; der Andere hat nur einige Kupfermünzen; er kauft Feder, Tinte und Papier und macht sich unsterblich.

Die Jahrhunderte sind wie Zeitschriften; die Einen copiren die Andern. Wer eins davon kennt, der kennt sie alle. Die Verschiedenheit unter ihnen besteht nur in einigen Räthseln und Charaden, die oft nicht der Mühe werth sind, errathen zu werden.

Das moralische Gleichgewicht ist wichtiger für jeden Einzelnen, als das europäische, und oft nicht minder schwer zu erhalten.

Grundsätze sind nur zu oft dem Menschen, was Parade-Kamaschen dem Soldaten sind, ein Putz, der nicht vor den Feind (Versuchung) gebracht, sondern im Zelte gelassen, und erst beim Victoria-Schießen angelegt wird.

In der Gesellschaft bezeigen sich die Weiber manchmal gegenseitige Lieblosungen, oder es geschieht nur aus Langeweile, oder um sich zu täuschen.

Das Alterthum hatte nur sieben Weise, jetzt zählt man sie in jedem Kaffeehause zu Dutzenden.

Ich kenne nichts tolleres, als die Meinungen der Menschen bombardiren zu wollen, sie beruhen nur auf Ueberzeugung, oder auf Eigennutz, zwei feuerfeste Kasematten, es kömmt nur darauf an, ihre Puppe zu ihrer Leitung zu benutzen.

Es gibt nichts Unterhaltenderes, als eine gewöhnliche Hoch-
zeit, alles ist bei der Copulation so feierlich, so wehmüthig,
man möchte schwören, daß ein Mensch begraben wird, nicht daß
einer geboren werden soll, und es gibt selten in der Stadt
verweintere Augen, als die Augen einer Braut am Tage ihres
Glückes.

Der Nektar der Leidenschaft ist zur einen Hälfte aus Toll-,
und zur andern aus Mohnkörnern gebraut, und ohne Kopf-
schmerz ermuntert sich selbst kein Halbgott aus den Kissen der
Lethargie.

Zeitgemäß!

„Schweigen" — ist die erste Tugend,
    Die uns Lebensweisheit lehrt,
Doch — „nicht reden" — hat zuweilen
    Einen vielfach höhern Werth!
Wer dieß sollt' nicht recht versteh'n,
    Braucht in — Kammern nur zu geh'n!

Funke.

Der größte Gedanke eines — noch nicht berühmten
Schriftstellers erscheint der blöden Welt — so klein,
wie der kleinste — eines berühmten — groß!

Contrast.

Mayer: „Aber der Empfang der Prinzessin Ale-
xandra in England war großartig und hat Millionen ge-
kostet. Ganz London war auf den Füßen!"

Müller: „„Jawohl, ausgenommen Jene, welche vor
Hunger und Elend nicht stehen konnten!""

Nasenweise Bemerkung.

Tüpfler: „Du, ich meine doch, das griechische Ko-
stüm ist für die Münchener Temperatur nicht recht
passend?"

Tapfler: „„O, wenn man einen bayerischen Mantel
d'rüber hängt, hält's recht schön warm.""

Grübler: „Du, unser Hausherr mit seiner Häuser-
Spekulation, — die Schulden!"
Grabler: „„Und die Zinsen!""
Grübler: „Die wir bezahlen müssen!"
Grabler: „„Ja, und der Flegel immer größer!""

Häuslichkeit.

Der Mann sieht mit höchster Entrüstung, daß seinem
Hochzeits-Frack die sogenannten Flügel abgeschnitten sind. Nach
langem Staunen dieser Bescheidung geht er mit dem Frackrest
zur Frau: Was hast denn da wieder g'macht?

Die Frau. A mei, ich hab' von denen Zipfeln unserm Buben eine Weste g'macht.

Der Mann. So, und deßwegen verhunzst du den
Hochzeits-Frack? —

Die Frau. Schau, ich hab halt denkt, den alten Frack
ziehst doch nimmer an, als wenn g'storben bist und in derer
Lag' sieht man die Flügel do net.

Der Mann aber zog seinen Sonntags-Rock an und
ging zum Salvator-Bier, auf daß er lange lebe und es ihm
wohl ergehe auf Erden — ohne Frack! —

Meister Grabaus und Geselle Vorwärts.

Geselle: „Sie, Meister! meinen's nit, daß der Volksfreund dießmal zum Abgeordneten g'wählt
wird?"

Meister: „„Ah, dummer Kerl! wie kann man denn Den
zum Abgeordneten wähl'n? Der is ja in's **Oberhaus** *) beruf'n.""

Geselle: „Was? In's Oberhaus? Was is er denn da?"

Meister: „„Nu, da is er halt soviel, wie a englischer
Lord.""

Geselle: „O Herrgottsa! bös hätt' ma ja doch nit denkt,
daß die bayrisch Regierung so auf den Mann schaut! —
—Aber Sie, Meister! wie wird sich denn der „Volksfreund" unter die Herrn Lords ausnehm'n?"

Meister: „„Nu, wie meinst denn?""

Gesell: „Ja, was kann ma da sag'n? Vielleicht so, wie a
zwilchener Fäustling unter die Glasehand-
schuh'?"

Meister: „„Is ka schlecht'r Vergleich!""

Geselle: „Oder wie Saul unter den Prophet'n?"

Meister: „„Ah, Potschi! bös is ja grad verkehrt!""

Gesell: „Ja so, da müßt' ma sag'n: wie der Prophet
unter die Sau — —"

Meister: „„Jetz sei so gut, und hör' auf!""

---

*) Anmerkung des naseweisen Setzers: Festung
„Oberhaus" bei Passau.

Dummer Gedanke.

Wenn die „Bretter" — die „Welt" bedeuten, —
dann sind die Sägemüller die größten Pfuscher!

Sternschnuppe.

„Ein Narr macht zehn!" — so heißt es,
    Und was dieß Sprichwort lehrt —
Die weite Welt beweis't es!
    Doch ist es nicht verkehrt:
Denn machte auch Ein Weiser —
    Zehn Weise, — wahrlich! dann
Träf' man so viele Esel
    Wohl sicher nimmer an!

Aus dem Salon.

Emma: „Du, Mama! da steht in der Zeitung, daß ein anständiger Cavalier eine Lebensgefährtin suche. Gibt's
denn auch unanständige Cavaliere?"

Mama: „„Du bist eine kleine Ignorantin, Emma!""

Emma: „Was ist das, Mama?"

Mama: Wenn man Alles glaubt, was — gedruckt
ist.""

Vergeudet!

Was haben in der Schule wir,
    Nicht hundert Sachen lernen müssen,
Und finden nun im Leben hier:
    Es sei nicht werth, daß wir es wissen!

Auch ein Vergleich.

Müller: „Aber du, so eine Sängerin hat's gut. Jetzt bekommt die Stehle 20 Gulden, so oft sie singt, und für die übrige Zeit, wo sie nichts thut, bekommt sie 4500 Gulden."

Huber: „„Nun ja, die Pfarrer haben's ja g'rade so; neben der fetten Pfründe lassen sie sich Alles extra bezahlen: 's Taufen, 's Kopuliren; 's Begraben und 's Beten.""

Müller: „Nu, das ist aber ein sonderbarer Vergleich!"

Huber: „„Was? Wegen dem Singen? — Nun ja, die geistlichen Herren singen ja auch kein „Alleluja" und kein „Miserere" umsonst.""

Müller: „„Ja, das ist die — Misere!""

Schalks=Telegramm.

* Vom Rhein. Demnächst werden die berühmtesten Straßen=Bau=Techniker nach Ihrer Stadt kommen, um in diesem Fache besonders den Zustand der Trottoir=Studien zu machen.

Hinter-Pommern. Hier ist eine Aktien=Gesellschaft zusammen getreten zum Zwecke, den bis jetzt zur Schande Europas und seiner Civilisation unbekannten Erfinder des Zapfenstreichs zu entdecken und ihm wo möglich ein Denkmal in Berlin zu setzen.

Vom Allgäu. Hier ist eine Mutter, welche schon zweimal Drillinge zur Welt brachte, jetzt mit Vierlingen beglückt worden. Dieser Segen wäre unangenehm, da die Familie kein Vermögen hat, allein glücklicher Weise ist die erwähnte Mutter — eine Schweinsmutter.

Der Vater an seinen Sohn.

Vor Allem, lieber Sohn, sollst du Geschicht' studiren;
Du wirst daraus die Lehr' — die weise — profitiren:
Die Grundel fraß der Hecht, — den Hecht der Huchen auf;
So nahm die Weltgeschicht' bis heute ihren Lauf.
Und auf dem letzten Blatt wirst in Fraktura lesen:
Die Menschen bleiben dumm, wie sie bisher gewesen.

—➤❰—

Hier ist zu sehen

der   Krug,

der so lange zum Salvator geht, bis er bricht!

Politik!

Du wähnst, man brauch' zur Politik
  Die allerreichsten Geistesgaben?
O nein! Du mußt nur keine Ehr'
  Und kein Gewissen haben!

(In Abwesenheit von Fr. X. Weithmann.)
Verantwortlicher Redacteur: J. B. Banoni.
Druck der J. Deschler'schen Buchdruckerei.

Münchener Schalk.

(Sonntags-Beilage zum „Volksfreund".)

III. Jahrgang.   Nr. 13.   29. März 1863.

Telegrämliches.

Paris. Jemand reibt sich über gewisse Dumm-heiten gewisser Diplomaten sehr vergnügt die Hände. — Für die Wittwen und Waisen gefallener Polen werden namhafte Summen beigesteuert.

London. Zur Unterstützung der polnischen Sache werden Meetings gehalten und schwere Summen gezeichnet.

Turin. Für die Verwundeten, sowie für die Hin-terlassenen gefallener Polen werden in ganz Italien mit dem besten Erfolge Sammlungen veranstaltet.

Bern. In der ganzen Schweiz werden Volksversamm-lungen zu Gunsten Polens gehalten; Beiträge zur Un-terstützung des polnischen Freiheitskampfes fließen in reichlichstem Maße.

Frankfurt. Für die Wittwen und Waisen ge-fallener Polen Sammlungen in Deutschland veranstalten zu lassen — soll der deutsche Bundestag sehr gewich-tiges Bedenken tragen und zur Erledigung dieses Gegen-standes eine eigene Kommission zu wählen — beabsich-tigen, was jedoch erst nach — Pfingsten geschehen dürfte. — Auch soll die Ausfuhr von Charpie und — Lum-pen — in Anbetracht der eigenen — Wunden und Beu-len — verboten werden.

China. Der Kaiser hat den — vom preußischen Kabinete übersendeten Verfassungs-Entwurf sogleich in jenes geheime Gemach mitgenommen, in welches sich je-der Kaiser — zu Fuß zu begeben pflegt. Die beige-packten Minister hat seine himmlische Majestät viel schlechter, als die chinesischen gefunden. (Ländlich — sittlich!)

Im Hofbräuhause.

Schneitzhuber: „I sog halt alleweil, bös Bier, so schlecht als a Zeit her a wieder is, es is mir doch no lieber, als bös süße Salvatorbier."

Schwatzmeyer: „„Ja, bös soll ja aus Hutzeln g'macht sein, aus die süßesten Kletzen.""

Schneitzhuber: „Ja, bös hob' i a g'hört."

Schwatzmeyer: „„Statt an Hopfen, soll a Weidenrinden-Extrakt dabei sein.""

Schneitzhuber: „Ja, bös hob' i a g'hört."

Schwatzmeyer: „„Und Schnaps soll a b'runter sein, weil's an so großen Rausch macht.""

Schneitzhuber: „Ja, bös hob' i a g'hört."

Schwatzmeyer: „„Und an Syrup soll'n f' a dabei haben, bös macht ihn so süß, statt an Malz""

Schneitzhuber: „Ja, bös hob' i grabso a g'hört."

Schwatzmeyer: „„Und a Hausenblas'n is a b'runter, bös macht das Bier recht hell.""

Schneitzhuber: „Ganz Recht, so hob' i a g'hört."

Schwatzmeyer: „„Und a bisl a Safran is a b'runter, wenigstens haben bös schon a paar Frauenzimmer an mein

Tisch behauptet, die sagten, daß Ihnen so curios salvatorisch worden sei."„

Schneitzhuber: „Ja, ja, dös hob' i au' scho' g'hört."

Schwatzmeyer: „„Aber i sog' Dir, der Salvator ist doch heuer recht guat."„

Schneitzhuber: „No, wenn er da net guat wär, wenn so viel Sachen dabei sind!"

Schwatzmeyer: „„Ja, wohr is scho, aber mir is holt dös Bierl doch lieba."„

Schneitzhnber: „No und kommst so selt'n, hockst allweil z'Haus bei deiner Alt'n."

Schwatzmeyer: „„Ja woaßt, i darf itzt nimmer so viel trinken, hat der Doktor g'sagt und wenn i ausgeh, trink' i z'viel. Der Doktor hat mir nur Ein Krug voll erlaubt und da hab' i mir extra an Krug dazu machen lassen, und mehr trink i net."„

Schneitzhuber: „Dös hätt' i mei' Lebta' net glaubt, daß Du an Ein Krug voll gnua hast."

Schwatzmeyer: „„O ja, es geht scho, kei' Tröpfel trink' i mehr."„

(Wie nun aber des Schwatzmeyer's Krug ausgesehen hat

und ob der Herr Doktor wohl einen solchen gemeint hat?)

Theilnahme.

Mäusl-Sohn. Gott im Himmel, ich hab's gelesen, Herr Graf, der Herr Vater ist todt! Ich kundulire, Herr Graf!"

Der Graf. Ich danke, Mäusl!

Mäusl-Sohn. Herr Graf, lassen Sie mich empfohlen sein in allen vorkommenden Geschäften. Sie wissen, ich habe immer stets Interesse genommen vor Ihren Herrn Vater.

Der Graf. Ja wohl, ich weiß es: Sie haben stets viel Interesse genommen von meinem Vater.

Auf der Straße.

Amahr. Du, jetzt soll ja wieder ein Bischof in den Grafenstand erhoben werden.

Bmehr. Das ist ganz zeitgemäß, damit das Volk mehr Respekt bekommt.

Amahr. So, nu da soll man doch die Jünger und Apostel auch in Adelstand nachträglich erheben.

Bmahr. Das geht nicht, das waren ja nur ganz einfache, schlichte Leut', die kann man doch nicht in Adelstand erheben.

Amahr. Ja warum denn nicht?

Bmahr. Das wäre ein Aergerniß und ein Verstoß gegen die christliche Demuth.

Amahr. Ah so. Jetzt versteh' ich. B'hüt' Dich Gott!

Der ächte Bürger.

Herr Fischer. Nun, Sie werden doch Ihrer Bürgerpflicht genügen und auch mitwählen, Herr Schmidt?

Herr Schmidt. Nun das versteht sich, aber nur Einen, der gegen die Gewerbefreiheit ist. Jetzt denken's, ist so schön schlecht g'nug. Meine drei besten Gesellen haben jetzt selbst Conzessionen kriegt. Jetzt hab' i Capital, Kundschaft und Arbeit genug und keine Arbeiter, so daß ich jetzt selbst wieder mitarbeiten muß.

Herr Fischer. Ja, das ist bei mir gerade so, das muß anders werden, bei der Gewerbefreiheit hälfe uns am Ende das Geld auch nichts mehr.

Policinell-Theater.

Casperl: Kreuz, Höll, Sakrrrarara! Was is itzt in der **Welts**schachtel da drin? — Donnerwetter, haben's da a Geld drin, Bankernoten, Akzien, Mobluationen und ganze Haufen Gold= und Silbergeld! Da geht mir 's ganz G'sicht aus dem Leim, wenn i da 'neinschau. Teufel, Element, was is da d'rin Alles, Groß und Klein, Nobel und Schofel draht si' Alles um die Geldhaufen 'rum, daß mir ganz übel wird, ganz schwindlich wird mir's, an ein solchen Abgrund hab' i mei Lebtag net denkt. Da muß doch Einer drunt sein, dem bös Geld g'hört und der die Leut so tanzen laßt, wart der Kerl muß 'raus! (klopft an die Schachtel).

Heda, heda, komm' heraus,
Oder i schlag' dir a Loch in's Haus.

Zukunft.

Cruzi, buzi, nuzi! — Puh — puh — puh — dös is ja der Teufel. Kerl, wo hast du des viele Geld her?

Teufel. Ich habe kein Geld, das Geld hat mich!

Casperl. Alle Teufel, der Teufel bringt mi in Verlegenheit. Dös ist das erste Mal, daß i mei Pritschen net brauch'n kann, denn entweder is a armer Teufel, nachher is er scho g'schlag'n, oder es is a reicher Teufel, nachher kann er net g'schlag'n wer'n. Er hat g'sagt, 's Geld hat ihn. No, 's Geld wird ja au g'schlag'n. Aber die Papierl? — No, die wer'n druckt. — Druck, — Druck, — pfui Teufel, Dreck. Machst, daß b' nein kommst! (Vorhang fällt mit Gefühl.)

Gedanken-Spähne.

Unter den vielen von Rechten, welche bestehen, gibt es auch ein Armen-Recht. — Ach es wäre ja recht, wenn die Armen den Reichen gegenüber stets Recht bekämen.

*

Lüderliche Menschen sind im Beurtheilen Anderer als Sittenrichter am grausamsten; besonders wenn sie schwach und „recht fromm" werden. —

*

Die Rechnungen der Advokaten und der Schneider haben in der Weise von Spezification viel ähnliches.

*

So viel Schützen in den deutschen Landen und keiner trifft so eigentlich den r e ch t e n P u n k t.

*

Hoffen und Harren macht Manchen zum Narren; manche Menschen sind das ganze Jahr in der H o f f n u n g.

——»»«««——

Moderne Vertheidigungen

in Lokal-Angelegenheiten.

Böswillige Zungen behaupten in hiesigen Blättern, daß die neu angelegten Kanäle stinken. Es ist dieß eine großartige Lüge, denn nicht die Kanäle stinken, sondern der darin sich ansammelnde Koth, Unrath und Abfälle, und an dieser Ansammlung trägt nicht der Kanal die Schuld, sondern die verfehlte Anlage und Bauweise desselben. —

————

Die öffentliche Rüge, daß die innere Gabelsbergerstraße zu wenig Gaslicht habe, um den gerade dort betriebenen Kanalbau ungefährlich und passirlich zu machen, zeigt hinlänglich die tendenziöse Befeindung des Magistrats, indem ja die äußere Gabelsbergerstraße gar kein Licht, weder Gas, noch Oel hat und sich doch zufrieden gibt, daß man ihre — — — edlen Thaten und Gewohnheiten im Dunkel läßt.

————

Die Nachricht, daß der Salvator heuer so viel Bestandtheile Malz und Hopfen habe, daß man gar kein Wasser dabei spüre, ist offenbar nur eine boshafte Anspielung auf die städtischen Wasserangelegenheiten. Sehr klar zeigt sich dabei die Terrain-Unkenntniß, indem der Salvator r e ch t s der Isar strömt, und die neuen Quellen l i n k s der Isar f l i e ß e n.

Gallerie

berühmter Männer der Gegenwart.

3. Heft.

Pompastus Boshorn,

**Oberjustizgeneralamts-Direktor für Todes-
strafen und Preßvergehen in Knuti-tutti-hau-zu
in Central-Afrika, von wo aus die Berichte
der Herren Touristen aufhören.**

Ritter des Stopsel-Ordens, Comthur des Ordens vom
blauen Affen, Großkomthur des Kameel-Ordens und
Mitglied mehrerer geleerten Gesellschaften.

(In Abwesenheit von Fr. X. Weithmann.)
Verantwortlicher Redacteur: J. B. Vanoni.
Druck der J. Deschler'schen Buchdruckerei.

Münchener Schalk.

(Sonntags-Beilage zum „Volksfreund".)

III. Jahrgang. **Nr. 14.** **6. April 1863.**

Die Polenfrage,

so, wie sie die Kölnische Zeitung auffaßt,

oder:

Während Zwei sich scherzend streiten,

Um den Vorzug sich beneiden,

Wird sich hier als Frage, das Sprichwort erneuen,

Wenn Zweie sich streiten, — welche Dritte sich freuen?

Eine wahre Geschichte.

In einer großen Stadt eines großen Landes befindet sich ien großes Theater und ein großer Kaufmann. Das große Theater hat eine schöne Sängerin, der große Kaufmann einen großen Sohn. Der große Laden gibt dem großen Sohne große Gelegenheit, die größte Liebhaberei der großen Sängerin am großen Theater en gros zu befriedigen. Die große Sängerin bekommt dafür am Neujahrstage einen großen Conto des großen Kaufmanns, welcher die vom Herrn Sohne entnommenen Garderobestücke durch seine Commis zur Kenntniß bekam. Die große Sängerin hatte aber den großen Muth, dem großen Kaufmanne seine große Rechnung mit einer Bemerkung zurückzusenden, welche der Letztere mit großen Augen las, da diese ihm die große Galanterie seines großen — — Herrn Sohnes offenbarte und ihn überzeugte, daß er seine große Rechnung umsonst geschrieben hatte. Das war ein großer Fehler des großen Kaufmanns in der großen Stadt des großen Landes, einer großen Sängerin eines großen Theaters eine große Rechnung zu senden.

Anmerk. Der Verfasser dieser Geschichte erbietet sich zum Unterrichte im modernen Styl.

Die beiden Tölpel,

oder:

Duobus certantibus tertius gaudet.

Eine alte Mähr,
Nun zur neuen Lehr,
Ganz frisch hergericht
Von einem Dicht- **ER. III.**

Der alte Michel hatte unter mehreren Buben auch Zwei, von denen man nicht recht wußte, welcher der Dümmere war. Der Lehrer Poli, der so dick war, daß ihn die Dorfbewohner nur den Herrn Politik nannten, weil ein dicker Lehrer auch seit der ungefühlten Aufbesserung immer noch ein Wunder bleibt, hatte mit den beiden Eſeln ſeine liebe Noth, denn ſo ſehr er ihre Fehler auch an's Licht ſtellte, ſie verharrten dennoch mit vollſtem Eigenſinne in ihrer Dummheit. Daher kam es natürlich, daß ſie eben ſo gelehrt aus der Schule, wie in dieſelbe traten und daß ſie das Zeugniß unzureichender Fähigkeiten und geringen Fortgangs mit auf den Weg bekamen.

Der Schule entkommen und in's öffentliche Leben hinausgetreten, lachte der Vernünftige über die bald läppiſchen, bald thörichten Handlungen der beiden Fexen und während der Denker ſie lachend bedauerte, fanden ſich nach dem Grundſatze:

Man ſei ſo dumm, als wie man kann,
Man trifft doch immer Dümm're an.

Doch noch immer gezwungene und freiwillige Anhänger, welche bei etwaigen Händeln ihnen zur Seite ſtehen ſollten.

Die beiden geiſtigen Eskimos, welche im Anfange das Gleiche wollten, trennten ſich bald mit der nur der Dummheit eigenen Störrigkeit und lagen ſich zeitweilig ziemlich in den Haaren, bis es ſo weit kam, daß immer der Eine das Gegentheil des Andern wollte und ſo zwar ein Familienband der Nothwendigkeit, aber ein zerriſſenes beſtand. Wie ſich bei ſolchen Gegenanſichten Alles zu ihrem eigenen Nachtheile geſtalten mußte, iſt klar und mag die Anführung eines einzigen Geſchichtchens dieſes beweiſen.

Da man den Werth der Menſchen nach der Farbe desſelben von gewiſſer Seite aus zu beurtheilen pflegt, ſo wollen wir die beiden Buben Schwarzweiß und Schwarzgelb heißen, nicht nur weil beide ſehr ſchwarze Anſichten hatten, ſondern auch weil der Eine weiß, der Andere gelb vor Wuth und Neid wurde, wenn er ſich irgendwie beeinträchtigt glaubte.

Schwarzweiß und Schwarzgelb promenirten nach ihrer Gewohnheit gedankenlos in der f r e i e n N a t u r. Auf dem Flurwege zwiſchen Simpelsdorf und Einheitshauſen lag ein ziemlich getragener Mantel und Schwarzweiß, der denſelben geſehen, während der raſchere Schwarzgelb ihn aufgehoben hatte, fing nun über den Beſitz, wem derſelbe gehören ſollte, zu ſtrei-

ten an. Es fing ein Geränfe an, Beide zerrten an dem Mantel, bis derfelbe in der Mitte entzwei ging und beide dadurch
in den Koth fielen. Rings voll Schmutz war nun Jeder felbft
erzürnt über feine Dummheit und unter wechfelfeitigen Vor-
würfen ganz auf den Mantel vergeffend, kehrten fie nach Haufe.
Da erft fiel ihnen dann ihre größte Thorheit ein und fie wollten nun den getheilten Mantel holen und flicken. Allein es
war zu fpät. Ein Fuhrmann, der gar viel in der Welt herum-
kam, Land und Leute kannte und auch von den beiden Stroh-
köpfen wußte, hatte dem Streit fpöttifch lachend zugefchaut und
nach Entfernung der Zänker den Mantel genommen, einftweilen
feine Füße damit warm zu halten und fobald er ordentlich
wieder hergerichtet, fich ganz damit zu bedecken. — Schwarzweiß und Schwarzgelb hatten ihre verfchlagenen Köpfe und
der Fremde den Mantel.

———⚹———

Ein Befuch.

Ein Herr. Guten Morgen! Ift der Herr Pfarrer zu
Haufe?

Die Jungfer Köchin. Sie meinen den Herrn geiftlichen Rath? Sie fan net z'Haus.

Der Herr: Wann kann ich denn den Herrn Pfarrer
fprechen?

Die Jungfer Köchin. Sie meinen den Herrn geiftlichen Rath? — Kommens in einer Stund wieder. Kann ich
den Herrn geiftlichen Rath was ausrichten?

Der Herr. Nein, ich muß den Herrn Pfarrer felbft
fprechen. Sie können nichts ausrichten.

Die Jungfer Köchin. Sie meinen den Herrn geiftlichen Rath?

Der Herr. Meine Empfehlung an Herrn Pfarrer.

Die Jungfer Köchin. Sie meinen den geiftlichen
Rath?

Der Herr. Nu, meinetwegen auch den geiftlichen Rath.

———⚹———

Die schöne Louise

steht vor ihrer Toilette und seufzt:

„Ach Gott! wie herrlich sagte gestern Don Carlos im Theater: „Schon 23 Jahre alt und noch nichts für die Unsterblichkeit gethan!" Ich zähle nun 33, sende auf alle Offerte zu Heirathen meine Photographie, und noch nichts! — Hymen! ich zünde dir drei Wachskerzen an, wenn mir meine neue Idee gelingt. Ich lasse mich im Negligé aufnehmen und wenn diese Photographie den Heirathslustigen noch nicht imponirt, dann soll die letzte Hülle fallen! — Ich gehe in ein Kloster, — werde des Himmels Braut. —

***

Aphorismen von Jean Paul.

Die Erlangung eines kleinen Vermögens kostet Schweiß und Mühe, aber die des Reichthums wird mit geringen Kosten gewonnen.

Jedes Gefühl sollte die Musik erregen, nur nicht das der Angst, welche uns doch so oft ergreift, wenn dem Spieler bei Ueberwindung von Schwierigkeiten der Schweiß ausbricht, und der Sängerin die Halsadern schwellen.

Wer die Fluth nicht scheut, schwimmt nicht mit dem Strome, sondern den Strom zur Quelle entgegen.

Man muß sich nie entschuldigen; denn nicht die Vernunft, sondern die Leidenschaft des Andern zürnt auf uns, und gegen diese gibt es keinen Grund, als die Zeit.

Wer den Werth einer Minute kennen lernen will, der muß lieben, und wem das Leben lang scheint, der hat die Sehnsucht nie gekannt.

Laßt ihn fliegen den schönen Schmetterling, der in der Kirche flattert, er predigt auch.

Verzweiflung ist der einzige echte Atheismus.

Manche Weiber heißen wahrscheinlich Frauenzimmer, weil sie abwechselnd die Wohnung der Leidenschaften und der Launen sind.

Wenn Prometheus für sein Thongebilde das Feuer vom Himmel stahl, so hatte er Unrecht, nicht mehr Feuer und weniger Erde zu nehmen.

Nie sollen Väter ihre Töchter, Männer ihre Weiber auf Liebhaber=Theatern glänzen lassen, sie können da oben auf den Brettern nichts lernen als zu scheinen, und sind ohnehin in dieser Kunst ohne Thaliens Zuthat schon Meisterinen, ungern sieht man ohnehin ein Wesen, daß uns theuer ist, aus einer ungewaschenen Hand in die andere fallen.

Man muß viele Menschen ignoriren, um in seinem Glauben an das Dasein der Seele nicht irre zu werden.

Das Sprichwort: Leben und Leben lassen', heißt verdollmetscht: schlagt eure Purzelbäume so, daß die andern auch Platz zu den ihrigen behalten.

Die schönen Künste und Wissenschaften des Geldes wegen treiben, heißt einen Engel in die Mühle spannen.

Man muß Völker, wie Wochenkinder, nie schnell wecken, weil sie, nach den Aerzten, jähzornig werden.

Es gibt kein komischeres Theater, als die Gesichter der Zuschauer im Schauspiele; dahin, nicht auf die Scene muß der Genußsuchende sehen.

Bezaubern ist gefahrloser, als Entzaubern.

Unverschuldete Uebel sind verkannte Gnadenzeichen der göttlichen Güte, Wechsel, die uns der Engel reicht, um sie jenseits der Gräber einzulösen. Der Schatzmeister deckt sie oft diesseits schon, wenn wir sie nicht kleinmüthig verschleudern.

Oft sehnt sich der Mensch nach einem unbestimmten Etwas, ist unzufrieden und mißmuthig in scheinbar glücklichen Verhältnissen, doch nur gewöhnlich deßwegen, weil ihm die natürlichen fehlen. Eine ländliche Wohnung, ein Gärtchen bei seinem Hause, eine freie Aussicht beschwichtigt diese Sehnsucht, und er fühlt sich zufrieden, bloß weil er der Natur näher ist.

Um im Schauspielhause sich einiger Illusion zu erfreuen, muß man den Schauspieler, und um ein Geisteswerk zu würdigen, den Schriftsteller nicht kennen. Der ernste oder tragische Vortrag beider verliert, wenn sie uns als muntere joviale Männer bekannt sind.

So wie das Weiße die Abwesenheit aller Farben, bezeichnet der Geschmack die Abwesenheit alles Widrigen, Gemeinen und Anstößigen.

Nicht alle Erziehungshäuser sind Bildungshäuser, die zum Selbstdenken anleiten, viele sind Anstalten, wo das junge menschliche Uhrwerk nur aufgezogen wird, damit es eine Zeit lang zu bestimmten Zwecken mechanisch fortlaufe.

Rechnungs-Aufgaben.

Wenn die Ostbahn-Aktien so viel Profit dividiren, daß der trockene Tisch 15 fl. bei einem Schmause kostet; wie viel dann einem armen Eisenbahnbediensteten vom Lohn abgezogen, wenn derselbe einen kleinen Verstoß macht?

Wenn ein Protz 290 Pfund wiegt; wie lang brauchen die reichen Zins-Einnehmer dann noch, bis sie ein solides Trottoir vor ihren Häusern herstellen lassen? —

Wenn die Maß Bier 7 kr. koſtet; was koſtet dann die Herſtellung des fehlenden Trottoirs am Wittelsbacher-Palais gegen die Türkenſtraße?

———

Eine Tänzerin erhält einen Jahres-Gehalt von 6000 fl.; wie viel und wie lang muß einer Studien gemacht haben, bis er 600 fl. Gehalt bezieht?

———

Meiſter Gradaus und Geſelle Vorwärts.

Geſelle: Wo iſt's denn beſſer auf der Feſtung Oberhaus oder drin auf der Polizei?

Meiſter: In Oberhaus iſt's nobler und eine weit geſündere Luft, als in der Weinſtraße.

Geſelle: Aber der Redakteur Weithmann iſt doch ein falſcher Prophet.

Meiſter: Warum?

Geſelle: Ja ſeh'ns, er hat geſchrieben und drucken laſſen: **„Die Wahrheit wird Euch frei machen"** und er hat die Wahrheit drucken laſſen und man hat ihn dennoch eingeſperrt.

Meiſter: Des iſt halt ein Mißverſtändniß oder ein D r u c k - f e h l e r.

(In Abweſenheit von Fr. X. Weithmann.)

Verantwortlicher Redacteur: J. B. Danoni.

Druck der J. Deſchler'ſchen Buchdruckerei.

Münchener Schalk.

(Sonntags-Beilage zum „Volksfreund".)

III. Jahrgang. **Nr. 15.** 12. April 1863.

Eine Morgen-Toilette auf der Festung.

Also habe ich doch nicht geträumt? Haben Sie mich also wirklich a n g e s ch m i e r t? Aber warum haben Sie mich denn ſchwarz gemacht? Freilich, die rothe Farbe kommt den Herren zu theuer zu ſtehen! Ob es wohl Waſſerfarbe oder Oelfarbe iſt? Sicher iſt es Waſſerfarbe, denn wenn es Oel= farbe wäre, ſo müßte ich doch fetter ausſehen.

Nun, a ſatriſche Abwaſchung gibt's jedenfalls!

Unverbürgte Nachrichten.

Nicht nur ein Polytechnikum, sondern auch ein Lehrstuhl an hiesiger Universität soll errichtet werden und zwar ein Lehrstuhl für adelige Bierfabrikation, um die Söhne unserer Stammbräuer zu veranlassen — etwas zu lernen. Das Bierbräuer-Pensionat soll im Hofbräuhaus errichtet werden.

Es sollen bei mehreren Theaterbesuchern und Recensenten auffallende Symptome von Wahnwitz und Phrasen-Fieber bemerkt werden. Man sucht den Grund dieser abnormen Erscheinungen in dem Umstande, daß die Frankfurter Marthyrin Janauschek demnächst wieder hier gastiren wird.

Nun soll zu den vielen bestehenden Vereinen auch noch ein Palm-Esel-Verein sich gründen. Bereits haben sich schon eine Unzahl von Anhängern dieses zeitgemäßen Institutes gemeldet. Einer der Führer hielt bereits seine Palm-Esel-Jungfern-Rede.

Im Irrenhause soll sich gegenwärtig ein Mann befinden, der die fixe Idee hat, es sei in München Einer, der noch dümmer ist als er.

Der berühmte Landschaftsmaler Albert Zimmermann hatte bekanntlich im vergangenen Winter für einen der reichsten russischen Fürsten eine Landschaft auf Bestellung abgesendet und zwar darstellend: einen italienischen Sommermittag. Die Naturwahrheit dieses Sommers ist so getreu, daß es im großen Salon des russischen Fürsten eine solch' gewaltige Hitze ausströmte, daß im ganzen Palais gar keine Heizung nöthig war. Der noble Fürst hat nun bei dem genannten Künstler eine Winterlandschaft bestellt, um die hohen Temperaturgrade des Sommers durch diese Winterlandschaft zu ermäßigen und zu reguliren.

Eine Pariser Schuster hat eine Stiefel- und Schuh-wichse erfunden, welche alles übertreffen soll, was in der Wichserei bis jetzt aufgestanden. Der Schuster will nur, da seine Wichse sehr viel Nahrungsstoff und namentlich auch viel Ozon enthält, ein empfehlendes Zeugniß bei einem Groß-Chemiker erlangen und sein Fabrikat Ozon-Wichse be-zeichnen. Der Wichsen-Fabrikant soll dem Chemiker ein paar Pariser Stiefel als Honorar gesendet haben, die aber nicht angenommen wurden, weil in den Stiefeln keine Banknoten gelegen sind.

Grabschrift.

Hier liegt Herr Bock von Bockenheim,
    Der Förster von Bockau;
Geschossen hat er manchen Bock,
    Und manche schwere Sau,
Doch so a Sau und so 'nen Bock
    Bis an sein kühles Grab,
Wie Er, im ältesten Revier
    Dergleichen es nicht gab!
D'rum trauert alle, Böck' und Säu',
    An seines Grabes Rand,
Bis dermal einst der größte Bock
    Vom Todten auferstand!

Z. s. E.
bei dessen Lebzeiten gewidmet
von
seinen fidelen Freunden.

Herzlichen Dank
der schönen schwarzen Henne, welche mir die schönen rothen
Ostereier legte!   Gockerl.

Stellwagenführer: Na, bös is schon a verteufelte Wirthschaft mit dene itzigen Stadtmamsellen. Itzt san Dir die
Stadtjuchteln no weiter als mei' Wagenthürl und bei Jeder
muß i von hinten nachhelfen, damit nur die ganze G'schicht
ordentli einikimmt. Höll Sakra — und die Stecken!

Offizielles Verzeichniß

derjenigen Ehrengaben, welche bis jetzt für den **temporär
quiescirten Redakteur** des „Münchener Schalk", zeit-
weiliges Mitglied des Passauer Oberhauses, eingegangen
sind:

1) Ein vollständiger Kindszeug für den **nächsten jungen
   Schalk**, von einer Münchener literarisch-artistischen
   Centralhebamme, mit dem Motto: „Lasset die Kleinen zu
   mir kommen!"

2) **Urkundlicher Bericht** über die **Reinigung des
   Augias-Stalles**; ein kostbares alterthümliches Manuscript; — von einem konstantinopolitanischen General-
   staatsanwalte.

3) Ein Kiſtchen mit 1000 Stück Cigarren, „Superfein-Vorwärts", von einem ungenannt ſein wollenden Bürger, Kaufmann und Magiſtratsrath.

4) Eine große Kiſte mit Weinproben und mit der Bemerkung: „Suchen Sie ſich 'ben Beſten heraus und mit dem Motto: „Agitiren Sie für mich zur nächſten Landtagswahl!" und mit der Unterſchrift: „Zar—ruck!"

5) Ein zweieimeriger Banzen mit Bockbier und mit dem Motto: „Warum wählt man in Bayern nicht lauter Bräuer in die zweite Kammer, da auch in der erſten Kammer faſt lauter Brauerei-Beſitzer ſind?"

6) Ein halbeimeriges Fäßchen mit vorzüglichem Münchener Bier. Motto: „Wir könnten ſchon, wenn wir möchten."

7) Zehn Stück Hundertguldenbanknoten mit dem Motto: „Wenig — aber von Herzen!" — von einem armen Dienſtboten. Germania." (Fortſetzung folgt.)

NB. Nur frankirte Sendungen werden angenommen. Geldſendungen unter 100 Gulden werden unbarmherzig zurückgewieſen! Die Adreſſe iſt einfach:

An den temporär quiescirten Redacteur N. N., z. Z. im Oberhaus.
                                                    Passau.

---◆◇---

Motive
zu einer deutſchen Oper.

Wer fürder einen andern Sang,
    Als „deutſche Freiheit" ſingt;
Weß' Saite einen andern Klang,
    Als „deutſche Einheit" klingt:
Dem ſchlagt die Harfe um den Kopf,
    Daß ſie in Scherben bricht,
Und bindet an den langen Zopf
    'nen Mühlſtein ſolchem Wicht,
Und werft ihn in den nächſten Fluß,
    Daß er darin erſaufen muß!

Schwärmerei nach Oberhaus.

Es ist meine Ansicht: daß der Redakteur Weithmann eine viel
höhere Stellung einnimmt, als Viele glauben; er kann ja
mit den größten Potentaten Europas concurriren.

Der Kaiser von Rußland sitzt in seinem Cabinet, viele
deutsche Fürsten haben nur eine Kammer, Sr. Heiligkeit
der Papst ist auf einen Stuhl angewiesen, und die Königin
von England hat nur ein Unterhaus, ☞ während der
Weithmann in Oberhaus seinen Sitz aufge-
schlagen hat. ☜

Sicherem Vernehmen nach arbeitet der Redakteur Weithmann
im Oberhaus die Grundsätze des parlamentarischen
Taktes aus, und beabsichtiget, das Werk den deutschen
Schwurgerichtspräsidenten zu widmen.

Es geht nichts über eine schöne Aussicht.

Bei Passau im Jahre der historischen Rechte.	Weithmann zeitweiliges oberhäusliches Parlamentsmitglied.

Ich komm' mir da oben beinahe vor wie der Eppelein
von Gaillingen, nur daß mir das Roß fehlt. Ein Roß ist
zwar da, aber es ist grau, hat lange Ohren und kurze Füße.

**Ein aus der Festung frei passirter und nach
München verlaufener Gedanke.**

Ein gewisses verdächtiges Blatt in München sucht ein
Expeditionslokal? Nun da könnte ich damit aushelfen.

F. Oberhaus,
bereitwilliger Staatsdiener.

Ruhe ist des Bürgers erste Pflicht, Häuslichkeit eine schöne Tugend. Ueber den höheren Grad von Hauslichkeit mache ich seit einiger Zeit umfassende Studien.

Ein fitsamer Staatsbürger.

Wer wird bei den Wahlen Recht behalten, der Reform= oder der Nationalverein? —

Ja, wenn die Großdeutschen die Nation reformiren und groß machen könnten, dann hätten die Recht.

Ein demokratischer Anhänger keiner Partei.

Betrachtung.

Es gibt doch einen Wonnemonat, warum denn nicht auch einen Angstmonat. Mir kommt's gerade vor, als wenn heuer statt des Wonnemonats ein Angstmonat eintreten würde.

Simplicitas,

konigl. bayr. Urwächter.

Ein Tölzer Naturforscher hat, wie im Landboten vom 5. April gedruckt zu lesen, beobachtet, daß eine männliche schwarze Eule an der Friedhofsmauer (husch) wohnend, Kukukseier gelegt; derselbe sucht dort München zwischen Isar und Walchensee und kann auch im Schatten kühler Denkungsart alte Suppen aufwärmen. Was wir doch für vergrabene Talente im Lande haben und der Staat trägt so wenig Sorge dafür. In Böotien ist die Bürgermeisterstelle von Theben leer, wenn sich der neue Columbus nicht bei den Wahlen in Abdera den Weg zum Glücke bahnen will.

Meister Grabaus und Geselle Vorwärts.

Meister: Nun, jetzt hat sich ja der Reformverein auch wieder in zwei Farben getheilt.

Geselle: O na, sie san glei' gar abg'fall'n und sagen, sie seien zwischen Westendhalle und Reformverein das Medium.

Meister: Was heißt denn bös eigentlich: Medium?

Geselle: Ja, in mein' Fremdwörterbuch heißt's: das Mittel.

Meister: No, bös wär' recht, bös wenn's können, geh' a dazua, denn an die Mittel fehlt's jetzt überall.

Impromptu.

Wenn wir auf recht gutes und billiges Bier
    In Zukunft wollen zählen,
So brauchen ja blos in die Volkskammer wir
    Bierbrauer nur zu wählen.

Aufruf.

Um Himmelswillen, wählt Juristen,
Nichts als Juristen, sonst geht's schlecht,
Es mag Euch dann was will passiren,
Und mögt Ihr nur dabei verlieren,
Ihr wißt, es geschieht Euch dann — mit Recht.

(In Abwesenheit von Fr. X. Weithmann.)
Verantwortlicher Redacteur: J. B. Vanoni.
Druck der J. Deschler'schen Buchdruckerei.

Münchener Schalk.

(Sonntags-Beilage zum „Volksfreund".)

III. Jahrgang.   *Nr. 16.*   19. April 1863.

Petitionen-Sturm.

Referent: Ist gut, daß Sie gerade da sind, Frau Hausmeisterin, werfen's doch ein Mal diese erste Partie Eingaben in's Feuer!

Hausmeisterin: Um's Himmelswillen, Euer Gnaden sind bös Mal wieder so viel komme?

Referent: So oft so ein Platz bei der Eisenbahn leer wird, kommen immer die Eingaben zentnerweise, denken's nur wie viel tausend Unteroffiziere, Lakaien, Gendarmen, Gerichtsdienergehilfen und dergleichen als es gibt, ich glaube auf jeden Waggon treffen zwanzig.

Hausmeisterin: Wenn halt Euer Gnaden meiner Nanni ihren Schatz net vergessen thät.

Referent: Sind Sie nur zufrieden, Frau Hausmeisterin, dem Nannerl zu lieb hab' ich schon Alles gethan und werde ihr's auch ferner thun, aber es ist ja gerade nichts leer, als so ein lausiger Briefträgerplatz und für das Nannerl sein Zukünftigen ist's besser, wenn er mehr 'nauskommt, wenig hier ist, z. B. als Condukteur, Obercondukteur u. dgl.

Hausmeisterin: O wie freu i mich. Gelten's, da kriegt er a Auszeichnung, zwei Strich ringsrum?

Referent: Ja wohl, an Auszeichnung und am Strich soll's nicht fehlen, da sorg' ich dafür.

Anfrage.

Der Herr Postkassier Seibl, vielleicht das eifrigste Mitglied des Reformvereins, hat in dessen Generalversammlung sich verwahrt, zur Fortschrittspartei zu gehören. Da nun aber, wer nicht fortschreitet, stille steht, jeder Stillstand aber, wie der hochweise Herr Lerchenfeld sagt, ein Rückschritt ist, warum heißt man denn dann die Reformvereinler Bremser und nicht Krebsreiter?

Schnackenhuber,
wißbegieriger Einwohner.

Frage und Antwort.

Nubler: Hätten Sie wohl je geglaubt, daß es in München Damen gibt, welche eitel genug sind, sich ihr Geschwätz von Musik begleiten zu lassen?

Müller: Hahaha! das gibt's doch nicht.

Nubler: Gehen Sie nur ein Mal zur Musik à la Gungl, da finden Sie, wie die meisten anwesenden weiblichen Individuen ihr Geratsch immer erst anfangen, wenn das Musikstück beginnt und verstummen, wenn das Stück zu Ende ist.

Müller: Aber das finde ich höchst ungebildet.

Nubler: Entschuldigen Sie, ich habe auch nicht von gebildeten Damen gesprochen.

Preisfragen.

1. Wenn man zur Anfertigung eines Planes sechs volle Jahre braucht, wie lange geht es dann her, bis vor königlichen Gebäuden, wie Post, Theater u. s. f. gute Trottoirs hergestellt werden?

2. Wenn die Fuhre Münchener Straßenkoth sechs Kreuzer kostete, wie reich würde ein zweibeiniger Münchener Einwohner dann binnen vierzehn Regentagen?

3. Wenn eine Fuhre guter Dünger zehn Gulden kostet, wie hoch kommt dann die Maß Münchener Trinkwasser zu stehen?

4. Wenn Einer so dumm ist, daß ihn die Gänse gar nicht mehr beißen mögen, wie lange muß dann der zusammengeführte Straßenkoth liegen bleiben, bis ihn der Wind vom Boden weg und zu allen Fenstern hineingetrieben hat?

5. Wenn ein Beamter mit dreitausend Gulden Gehalt mindestens fünfhundert Gulden und ein Beamtlein mit sechshundert Gulden Gehalt höchstens einhundert Gulden Gehaltsaufbesserung erhalten hat, wie viel Kubikfuß Isarwasser müssen noch hinunterlaufen, bis die Kammern hievon Notiz nehmen?

6. Welche Differenz ist zwischen einer Maß Dünnbier und einer Flasche Bocksbeutel, wenn ein geheimer Rath fünf hundert Gulden zu einer Sommerfrische und ein halb verhungerter Diurnist wegen Mangel an Mitteln zum Hauszins Nichts erhält?

———❊———

Es is halt no allweil nix.

Schnackerl: Itzt möcht' Ein' doch der Teufel hol'n! Letzthin komm' i mit mein' Hundl ungefähr in a Polizeizimmer, sagt der Herr b'rin: Marsch, mit an Hund darf man in kein Bureau. Heut muß i aber an Hund mit in's Bureau nehmen und weiß net warum, blos weil's Visitation ausg'schrieb'n hab'n. J sag's halt, es is no allweil nix.

———❊———

Klage der Süddeutschen.

Also das hab' ich davon,
Undank ist mein einz'ger Lohn,
Daß ich stets mit aller Hitze
Kämpfte nur für Preußens Spitze
Und zerschmettert nun vom Blitze,
Welcher von dem höchsten Sitze
Mich geschleudert in die Pfütze,
Wo ich nun mit meinem Witze
Und dem schwarz und weißen Sinn
In ganz Preußen und Berlin
Jämmerlich verdonnert bin.
Das ist pyramidal gräuslich,
Colossal erbärmlich scheußlich!

Neuestes.

Am 31. März ist den russischen Truppen ein Ukas
publizirt worden, worin denselben das Morden, Rauben,
Brandlegen, das Erschlagen Verwundeter und das Mißhandeln
von Leichnamen jetzt schon untersagt wird. Man sieht daraus,
wie human die russische Regierung ist.

Der Räuberhauptmann Pilone wurde von päpstlichen Gendarmen gerade in dem Momente verhaftet, als ihm Italiener und Franzosen auf dem Nacken waren und so sein Kopf in Gefahr. Auf die Aufforderung der Auslieferung erhielten die Franzosen abschlägigen Bescheid, da Pilone nicht als Räuber= hauptmann, sondern als politischer Flüchtling betrachtet werde. Man sieht daraus, wie h u m a n die p ä p s t l i c h e Regierung ist.

Gerechter Zorn.

Jetzt hab' ich alle Schlachten mitgemacht, bin für's Vater= land zum Krüppel g'schoss'n und hab' nix davon, als im Knopfloch die paar Kreuz'ln da als Bettelpatent, und nöt a Glasl Schnaps krieg i auf Credit. Alle Teufel, da haben's die Franzosen gut, i wenn wählen dürft, i wählet den Napo= leon, der brächt' doch a Leb'n und a Handeln unter die Par= lamentsschwätzer, — oder den Wallerstein, der is a net so kniderisch, und laßt was unter die Leut' komma.

Gedanken-Spähne.

Heirathen? — Nun, das ginge noch an; aber die Meisten verheirathen sich.

Man nennt die Kinder der nicht verheiratheten Eltern die „natürlichen Kinder" und mancher große Herr hat einen „natürlichen Sohn" und die Seinigen sind dann die unnatürlichen.

Die Dienstboten der Vornehmen sind meistens auch unverschämt und frech.

Mensch — was wird mit diesem Worte für Mißbrauch getrieben! Wenn man bedenkt, daß es Niemand weiter bringen kann, als daß er wirklich im schönsten und edelsten Sinn des Wortes — Mensch ist. Wahrhaftig es sollte geschrieben stehen: „Du sollst den Namen Mensch nicht eitel nennen."

Die ganze Universität des Wissens liegt im Gesammtwesen des normalen Menschen.

Jean Paul, der Jubilate, war ein solch' vortrefflicher Mensch, daß mich schon oft wunderte, daß ihn seine Zeitgenossen nicht verhungern ließen.

Depesche.

Es soll demnächst eine Hottentoten-Deputation hier eintreffen, um sich eine Abschrift des Prügel-Artikels im bayerischen Landrechte zu erbitten.

An der Gränze.

Ballade.

—

Nacht war's, die schlugen Hunde an,
Wir lauschten in unsern Hütten;
Von Polen kam ein Sensenmann
Ueber die Gränze geritten.

Durch's Fensterchen sah Einer ihn,
Der schaudernd schlich zu Bette,
Als ihm der Sensenmann erschien
Auf einem Pferdeskelette.

Man sah ihn in derselben Nacht
Im ganzen Gränzreviere,
Man sagt, er hätt' ein Zeichen gemacht
An dieser und jener Thüre.

Drei Meilen ritt er in's Land hinein
Auf seinem gespenst'gen Pferde;
Als bleicher ward der Sterne Schein
Verschwand er unter der Erde.

Und als der Tag schien hell und klar,
Da kam zu uns die Kunde:
Von dem, was oben beschlossen war,
Von dem unseligen Bunde.

Da sahen wir uns erschrocken an,
Weh unsern armen Hütten!
Darum ist auch der Sensenmann
Nachts über das Land geritten.

—◆—

Meister Gradaus und Geselle Vorwärts.

Geselle: Sie, Meister, ist denn die Isarzeitung ein Witzblatt?

Meister: Was fällt denn dir ein?

Geselle: No, nachher ist der Schalks-Narr eine politische Zeitung.

Meister: So dumm schwätzt aber doch kein Mensch.

Geselle: Aber der alte Hofrath v. Schauß — — hat doch g'sagt im Reformverein, daß die Isarzeitung so schreibe, wie der Schalksnarr.

Meister: Ach was, der ist schon alt und Alter schwätzt gerne, wenn's auch kein' Sinn hat. Da werd' ich dir nächstens noch ein paar nettere Sachen erzählen.

Wirthhaus=Politik.

Nubler: Hast's g'lesen, in Berlin haben's vom 14. bis 24. März fünfzehn Zeitungen confiscirt, da trifft täglich 1½ Zeitung.

Nagler: Dös geht ja auf ein halb — auf einen Bruch 'naus.

Nubler: Natürlich! die Halbheit ist schon da und der Bruch wird bald kommen.

(In Abwesenheit von Fr. X. Weithmann.)
Verantwortlicher Redacteur: J. B. Vanoni.
Druck der J. Deschler'schen Buchdruckerei.

Münchener Schalk.

(Sonntags-Beilage zum „Volksfreund".)

III. Jahrgang.   *Nr. 17.*   26. April 1863.

Naturwüchsiger Zornausbruch.

Jackl. No, was schaust denn ietzt auf a Mal dene zwei Putzgrebeln so nachi, bild'st der eba gar a so was Nobels ei, du Lackl du?

Natzl. Nobels? — War Recht! — is bös mein Bruder sein rotzig's Deandl und die Ander is a Kellnerin g'west in an Kaffeehaus. Geben's dir die Flitscherl hoch! Seidene Kleider und so lang, daß der Staub auffliegt und nix arbeiten.

Jackl. No ja, bös san halt solche, wo's heißt, sie säen net und arbeiten net und dennoch ernährt sie der —

Natzl. Haltst glei 's Maul, du Gottesläfterer, oder i hau bir Eine nei. Nix is, die großen und reichen Herr'n ernähren und zahlen bös G'findel, daß so stolz wird, daß si' bald a Mädel schäma muß, wenn's orbentli is.

Auch eine Hymne.

Heil dir freies Land der Bayer,
  Heil dir freies Bayerland,
Wo gepriesen ist die Leyer
  Als der Bildung höchstes Pfand.

Heil! es blüht in allen Kreisen
  Hoch die Kunst und Wissenschaft,
Jede Art Vereine weisen
  Deine urhumane Kraft.

Hospitäler dort für Kleine,
  Für den Greis Versorgung hier,
Und Thierquälerei = Vereine
  Schützen das geplagte Thier.

Doch dieß Alles gleicht den Tröpfen,
  Gegen jenen milden Geist,
Der in den erleucht'ten Köpfen
  Unserer Juristen kreis't.

Die das Landrecht, das humane,
  Pflegen liebevoll und mild,
Freiheit steht auf ihrer Fahne,
  Gleichheit steht auf ihrem Schild.

Ach! der Dienstbot', der bis heute
  War am Traurigsten daran,
Nun mit wahrer Herzensfreude
  In die Zukunft schauen kann.

Gern erträgt er nun die Launen,
  Noth und Pein für schlechtes Geld,
Weil er nun auch das errungen,
  Was ihm fühlbar noch gefehlt;

Weil durch richterlich Erkenntniß
Er nun weiß auf's Haar so scharf,
Daß ihn seine gnäb'ge Herrschaft,
Wenn sie will, **auch prügeln darf!**

Anastasia, Köchin,

im Namen aller bayerischen Dienstboten
von Kammerdiener und Gouvernante bis
Stallmagd und Hausknecht.

Fragen

eines schlichten Mannes, welcher gerne über die moderne
Weisheit der liberalen Gegenwart denkt.

1) Kann ein Dienstbote an seiner Ehre beleidiget werden?
Wenn ja: Sind dann Schläge (viehische Maßregel) keine
Beleidigung? Wenn nein: Ist dann der Dienstbote
nicht ehrlos? und welches sind in diesem Falle die Con-
sequenzen?

2) Wenn der leiblich gestrafte Dienstbote bisher beim Polizei-
gerichte Klage stellte, wurde der Kläger stets durch Strafe
des Beklagten justifizirt. Nachdem nun aber durch das
alte bayerische Landrecht plötzlich höchst weise festgesetzt
wurde, daß man Dienstboten mäßig prügeln darf,
auch ohne daß sie schimpfen (eine mit Gummi nicht an-
nähernd vergleichbare Elasticität), so frägt sich: Haben
das die Juristen bisher noch nicht gewußt oder waren
die bisherigen Polizeimänner keine Juristen, oder war
bisher der Haarzopf noch nicht lange genug gewachsen,
um die so höchst unzeitgemäße Gesetzesstelle des bayerischen
Landrechts so geistreich auffassen zu können?

Schmerzensschrei an die Herren Wahlmänner.

I.

Wir bitten Sie, hochgelobte Herren, wählen Sie ja keinen Abgeordneten, welcher nicht darauf bringt, daß die Heiraths-Kautionen der Offiziere abgeschafft, oder daß Letztere alle auf ihren Wunsch gleich mit tausend Gulden bei der Eisenbahn angestellt werden.

Die bayerischen Mädchen von 15—20 Jahren.

II.

Wir bitten Sie und flehen Sie an, edle und hochgelobte Herren, wählen Sie ja keinen Abgeordneten, welcher nicht darauf bringt, daß die Civilehe eingeführt werde, denn mit dem Militär hat man keine Aussicht mehr.

Die bayerischen Mädchen von 20—25 Jahren.

III.

Wir bitten und beschwören Sie, hochedle und hochwohl-weise Herren, wählen Sie ja keinen Abgeordneten, welcher nicht darauf bringt, daß alljährlich zehn Millionen Heiraths-fonds in's Budget gesetzt werden. Damit kann man alljährlich zwei tausend Ehen à 5000 Gulden fondiren und werden so dem Staate wieder viele Unzufriedene zugewendet.

Die bayerischen Mädchen über 25 Jahre.

---»✳«---

Frage.

Warum sind die Damen nicht wahlfähig und nicht wähl-bar, da sie doch wählen und gewählt werden können? Oder hat die Brautkammer nicht oft einen bedeutenderen Einfluß als die Volkskammer?

Nasenweiß,
privilegirter Bummler.

Höhere landwirthschaftliche Frage.

Der Graf. Siehst Du, lieber Hugo, wie nieblich diese Thierchen fressen?

Sein Sohn. Ja, die fressen schon recht lieb, Papa; mit was füttert sie denn die Frau?

Der Graf. Das ist, glaube ich, Haber.

Sein Sohn. Ah, den fressen ja unsere Pferde auch. Haben denn die Hennen den gleichen Magen? Schau nur dorthin, Papa, diese kleinen Vögerl, wenigstens vierzig, und alle schlüpfen unter der Henne ihre Flügel.

Der Graf. Das sind die jungen Hühnchen, die Küchelchen, welche die Alte erst vor ein paar Tagen ausgebrütet.

Sein Sohn. So? Ja trinken jetzt diese alle an der einzigen Mutter?

Der Graf. Komm', Hugo, wir wollen weiter umsehen.

Bei Eröffnung des Cafe „Max Emanuel".

I.

Meyer. Entschuldigen's Herr Müller, nicht wahr, der Max Emanuel war der Eroberer von Belgrad?

Müller. Da müssen S' ben Herrn Professor Sepp fragen, was kümmert mich die Eroberung von Belgrad, wo 's sich's handelt um die Eroberung von einer Tasse Cafe.

II.

Fischer. Donnerwetter, ist es da voll, da kann man ja nicht einmal gehen!

Schmied. Ja, zum Gehen ist dieß Lokal auch nicht, dafür ist ja draußen der Promenadeplatz.

III.

Huber. Was drängens benn plötzlich so durch, Herr Gabler?

Gabler. Lassen S' mich — ein allgemeines Bedürfniß!! — —

Huber. Ja, das war in München ein größeres Cafe schon lang.

Gabler. Ach, Sie verstehen mich miß.

Huber. Ja so, Sie wollten sagen, ein längstgefühltes Bedürfniß?

Gabler. Ganz richtig, benn wenn es allgemein wäre, so wäre sicher der Raum zu eng und — Adieu indeß — Adieu!

Oeffentliche Erklärung.

All jenes boshafte Gerede, als ob ich durch meine Berufung in Oberhaus bestochen worden sei meine Farbe zu ändern, erkläre ich für eine niederträchtige Verläumbung. Alle Jene, welche die angenehme Gelegenheit haben, mich täglich in meinem scharlach gefütterten Schlafrock zu sehen, müssen mir das Gegentheil bezeugen.

Der Münchener Schalk.

Gedanken-Spähne.

Man darf Andere nicht nach dem eigenen Maßstab messen, es würde ein ungenaues Resultat liefern. Da man aber den Maßstab, der für eines Andern Eigenthümlichkeit paßt, nie ganz genau kennt, so muß stets ein Zweifel an der Richtigkeit der Messung überbleiben. Dieser Zweifel ist die Toleranz.

Wie gewissenhaft ist man gegen Autoren und wenig gegen Menschen! Man liest alle Theile ihres Werkes, um ein richtiges Urtheil zu gewinnen, und wie oft verurtheilt man des Schöpfers Meisterwerk, den Menschen, wenn man kaum eine Seite seines Lebens gelesen hat.

Männer sind geistvoll — Frauen geistreich. Das Erstere ist bedeutungsvoller und geht immer in die Tiefe. Geistreiche Menschen treiben Handel mit Geist in kleiner Münze, geistvolle verschließen ihn sorgfältig in den eisernen Schrein und geben ihn nur in Goldstücken aus.

Reiche besitzen die Erde; Denker die Welt.

Es gibt eine Klasse von Menschen, die über keine Sache bestimmte Ansichten haben, ganz Gemüth sind, Unbequemlichkeiten aus Bequemlichkeit ertragen und sich jedem Menschen und jedem Verhältnisse leicht anpassen.

Es sind keine schlimmen, aber durch ihren Indifferentismus gefährliche Menschen. Sie pflegen viel Freunde zu haben.

Das magnetische Fluidum ist die Seele des Weltalls.

Liebe kann man nicht suchen — man muß sie finden. Es ist die einzige Illusion, der man sich immer wieder mit vollem Glauben hingibt.

Meister Gradaus und Geselle Vorwärts.

Meister: No, hast's glesen, der kleine Prinz Napoleon soll ja durch Regimentsbefehl zum Feldwaibel befördert werden. Das ist ein langsames Avancement.

Geselle. Nun, nachher muß das österreichische kleine kleine Prinzchen wenigstens Feldmarschall werden, denn der war ja gleich nach der Geburt Oberst.

Meister: No, was is nachher, Kriegsminister kann er doch net werden.

Geselle: Warum denn nicht?

Meister: Weil er kein Portefeuille hat.

Meister: Jetzt möcht' ich den Unterschied wissen zwischen einem Reichsrath und einem erblichen Reichsrath?

Geselle: No, das wird der nämliche sein, wie zwischen einer Krankheit und einer erblichen Krankheit.

Geselle. Aber Sie, Meister! Der Schalk soll sich kurios g'ändert hab'n; man sagt, er geht jetzt alle Tag in's Festungs‑Kircherl.

Meister: So? Da is g'wiß a schwarze Madonna d'rin?

Geselle: A wunderthätige? Is scho' möglich!

(In Abwesenheit von Fr. X. Weithmann.)
Verantwortlicher Redacteur: J. B. Banoni.
Druck der J. Oeschler'schen Buchdruckerei.

Münchener Schalk.

(Sonntags-Beilage zum „Volksfreund".)

III. Jahrgang.   **Nr. 18.**   3. Mai 1863.

Der operirte Michel.

Dem Michel will mit Einem Mal
   Sein Leiden nimmer taugen,
Ihn drückt sein Kopf, ihn drückt sein Herz
   Und auch die Hühneraugen.

Da rief er zwei Doktoren bei,
   Die stritten sich natürlich,
Daß unser Michel ward dabei
   Gar schrecklich ungebührlich.

Der Eine wollte Innen nur,
   Der And're Außen schmieren,
Dann kamen beide über Eins:
   Man müsse operiren.

Der Eine greift in Kopf und Herz,
    Verletzt manch' edle Theile,
Der And're nimmt die Säg' zur Hand,
    Weil fruchtlos blieb die Feile.

Der arme Michel hat viel Schmerz,
    Und wird 's wohl besser gehen?
Am Vorwärts schreiten hindern nun
    Die abgesägten Zehen.

Preisfragen.

Wenn der Schweif eines Kometen länger ist, als die Begriffe von gar vielen Leuten, wie viele Loose der päpstlichen Lotterie kommen dann auf Einen Treffer?

Wenn Hunderttausende von Besitzern päpstlicher Lotterie-Loose Nichts gewinnen, wie viele lachen dann vor und nach der Ziehung? — Antwort: Einer. (Der Setzer.)

Wenn der Peterspfennig der Anfang der deutschen Münz-Einigung wäre, wie nahe ist dann das deutsche Kaiserreich?

Wenn Preußen von der Führerschaft Deutschlands noch so weit entfernt ist, wie eine gewisse Büste von der Aehnlichkeit mit einer gewissen Dame, wann wird dann Deutschland in Preußen aufgehen?

Wenn Herr von Bismark den preußischen Staatskarren ebenso schnell aus dem Koth herausziehen könnte, als er ihn hineingefahren hat, wie viel Loth Hirn müßte er dann mehr im Kopfe haben, als im normalen Zustand der Fall ist?

Wenn ein Gewisser zum Abgeordneten nicht gewählt würde, weil sein Name, Stand, Charakter und Kenntnisse schon bekannt sind, wie lange muß dann ein gewisser Anderer warten, dessen Charakter und Parteistandpunkt noch gar nicht bekannt sind?

Ukas.

Im Namen &c. &c.

Neuesten Nachrichten zufolge sollen in Rußland Anfälle von „Finnenkrankheit" zum Vorschein gekommen sein. Bei dem Umstande, daß diese Krankheit einen sehr gefährlich ansteckenden Character besitzt, indem sie sich einer gewissen Seuche — den sogenannten Franzosen — nähert, finden Wir Uns hiemit veranlaßt, eine allgemeine Grenzsperre Unseres Reiches anzuordnen. Alle aus dieser Gegend kommenden Individuen haben sich durch entsprechende Gesundheitspässe darüber auszuweisen, daß sie aus einer vollkommen seuchenfreien Gegend kommen. Eine Ausnahme findet jedoch statt bei solchen Individuen, welche von der preußischen Grenze kommen, indem dort von Gottesgnaden wegen ohnehin nichts geschehen kann.

Gegeben Deutschland im Jahre 1863.

(L. S.)   **Hanns von Steyer,**
im Reich Verweser.

Die Dankbarkeit.

Louise ist für all' die Reize,
    Welche die Natur ihr gab,
Nun gar dankbar. — Fern dem Geize —
    Schlägt sie der Natur nichts ab.

Erklärung und Aufschluß.

Ich finde es sehr natürlich, daß sich die Eisenbahnbediensteten bei den Wahlen nicht betheiligten, denn sie hätten aus dienstlichen Rücksichten doch den Vordersten oder den Höchsten wählen müssen, also den Lokomotivführer oder den Bremser.

Natzlhuber, Gelehrter.

Gelungene Ausflucht,

oder:

Der Geprellte.

Eine wahre Geschichte.

Die Theaterprinzessinnen waren von jeher unter allen Menschen des weiblichen Geschlechtes, vom männlichen Geschlechte, vorzugsweise einer gewissen Geschlechtsgattung, am Meisten verehrt und gesucht. Aber auch in's Bürgerliche herab stieg schon gar oft dieser Götzendienst und fand ganz respektable Priester.

Wie die Götter nur durch Opfer, so können per se auch die Theaterprinzessinnen nur durch Opfer gewonnen und geneigt gemacht werden.

Es war nun ein noch lebender und noch enthusiastischer Bürger, welchen seine großen Opfer bereits ziemlich an den Rand des materiellen Ruins brachten, welcher aber dessen ungeachtet seiner Liebe zur Sache, wie zu den Personen nicht entsagen konnte. Da wurde nun an einem großen Theater einer großen Stadt, in welcher der bürgerliche Enthusiast einst ein blühendes Geschäft besaß und nun privatisirt, eine gar hübsche Sängerin engagirt, welche so tief in die Tiefe des bürgerlichen Herzens sang, daß er sich nicht erwehren konnte, nachdem er erfuhr, die Dame sei Freundin von schönen Stoffen, ihr gefällig zu werden.

Im reichsten Laden der ganzen Stadt wählte nun der noble Mann zwei der schönsten und modernsten, aber auch kostspieligsten Seidenstoffe aus und sandte sie der Sängerin im Geleite eines rosafarbigen duftigen Briefleins, welches in gar gewählten Worten die Bitte enthielt, die herrliche Göttin der Bretter wolle doch Eines der beiden Geschenke huldvollst als Zeichen seiner Verehrung entgegennehmen und ihm die Stunde bezeichnen, in welcher er das abgelehnte Stück zurückholen könne.

Auf diese Weise dachte das Schlaucherl sich einzuführen und staunte deßhalb nicht wenig, schon des andern Tages eine

Antwort zu erhalten, welche ihn aus dem geträumten Himmel
der nahen Freuden erbarmungslos herabschleuderte.

Der Brief lautete etwa so:

Mein sehr geehrter Herr!

Ihre Verehrung für meine geringe Kunst hat meinem
Herzen so wohl gethan, daß ich Ihr Geschenk mit Vergnügen annehme; Sie werden mir jedoch verzeihen, wenn
ich Ihnen gestehe, daß mir beide Stücke gleich aus-
gezeichnet gefallen und ich deßhalb nicht zu wählen, wohl
aber beide als Zeichen Ihrer Liebenswürdigkeit zu behalten im Stande bin. Dadurch fällt für Sie die Be-
mühung weg, mich zu besuchen, und für mich, Sie zu
empfangen.

Mit ausgezeichneter Hochachtung!

N. N.

Ja, ja, es ist sehr oft schwer, eine Satyre nicht zu
schreiben.

Gedanken-Spähne.

Wer die Heranbildung und Gleichstellung der Frauen für
unnütz hält, der muß auch zugeben, daß sich der Mann auf
falschem Wege der Entwickelung befinde. Sie muß auch in-
tellectuell seine Gefährtin bleiben; nicht das Männergeschlecht,
das Menschengeschlecht folgt dem Gesetz des Fortschrittes. Nur
wo der Mann sich zu weit von seiner natürlichen Bestimmung
entfernt, kann sie ihm folgen, weil sie physisch fester an dieselbe gebunden ist.

*

Nur das Bewußtsein stirbt.

*

Man sagt, unsere Zeit biete Mangel an hervorragenden
Geistern. Die Spitzen haben sich nicht gesenkt, aber das
Niveau der allgemeinen Bildung ist gestiegen.

Die Illusionen sind die Bilder der laterna magica auf der weißen Wand der Realität. Und woher die entgegengesetzten Bestrebungen, sich Illusionen zu machen und sie zu zerstören?

Das Eine ist ein Drang nach Glück, das Andere nach Wahrheit. Oft schließen sich Beide aus — nur die Entsagung versöhnt sie, oder auch das Alter. Verlust der Jugend ist ein Verlust der Fähigkeit, sich Illusionen zu machen. Nur in der Abwechslung liegt der Reiz des Lebens, im Gewinnen und Verlieren, Erreichen und Loslassen und aus Allem summirt sich zuletzt die Kunst — ruhig zu sterben!

*

Humor ist der Witz des Herzens.

*

Die meisten Sünden begeht der Mensch, ehe er sie als solche erkannt hat. Darum bringen die Früchte vom Baum der Erkenntniß Fluch, aber auch Erlösung.

Frag- und Antwortspiel.

F r a g e : Was ist häßlicher als die Angströhre (Cylinder-Hut)?

A n t w o r t : Ein Frack.

F r a g e : Was ist häßlicher als ein Frack?

A n t w o r t : Ein haargespaltener Tages-Löwe mit dem Zwicker im Auge.

F r a g e : Was ist häßlicher als ein Tages-Löwe mit dem Augen-Zwicker?

A n t w o r t : Das Häßlichste ist die Tracht der deutschen Mode-Hansl oder **Boeuf à la mode.**

Aphorismen von Jean Paul.

Geistreiche Männer verlieren in der Nähe ihre Geliebten, und sind schüchtern; Dummköpfe gewinnen, und sind keck.

Worin besteht das Glück des Reichen anders, als der Zahlmeister anderer zu sein; er empfängt mit der einen Hand, um mit der andern wieder auszugeben; zahlt der Reiche nicht was er schuldig ist, so gilt er für einen Taugenichts, zahlt er nur was er schuldig ist, für einen Geizhals, zahlt er mehr, als er schuldig ist, für einen Narren.

Eine echte Freundschaft zweier wahren Männer würde beide zu vollkommenen Menschen bilden, denn der eine würde dem andern unverhohlen sagen, was ihm fehlt. Die Eigen= liebe aber verhindert diese schöne Wirkung. Die erste Wahr= heit würde Vergnügen machen, die zweite Dank erwecken, die dritte wohl, die vierte kalt aufgenommen werden, die fünfte gähnen, die sechste ungeduldig machen, die siebente eine ernst= hafte Erklärung herbeiführen, die achte empören, die neunte ein Duell veranlassen, und der Degen würde diesen Vertrau= lichkeiten ein Ende machen.

Thränen und Rührungen in der Jugend wirken wohlthätig, im Alter aber zerstörend auf die Nerven, daher der ersteren gewöhnlich Trauerspiele, dem andern Lustspiele am meisten zu= sagen.

Das feinste Raffinement ist immer ein Verwandter der Simplicität.

Wer Aufklärung anders als das Salz braucht, kennt die Menschen nicht. Salz ist ein gut Ding. Was ist indeß un= erträglicher: versalzen oder ungesalzen?

Das Thier ißt an der table d'hôte der Natur; der Mensch empfängt sein Deputat, und hält Küche und Tafel für sich.

Ein abgebrochener Gedanke bringt Andere zum Denken; ein Gedanke in seiner vollen Lebensgröße ausgedrückt, ermüdet uns mitten auf dem Wege.

Die fünf Sinne zusammen nehmen, ist fein und juristisch geredet, und bedeutet ein Collegium von Fünfen, wo Niemand die Präsidentenstimme haben darf.

Wer einen Brief schreibt, muß glauben, er schreibe ihn an die Welt, und wer ein Buch schreibt, er schreibe es an einen guten Freund, wenn man nicht in beiden Fällen alltäglich sein will.

Warum putzen sich die Weiber, wenn sie gleich schon an sich gefallen? Nicht unsertwegen. Gegen Männer brauchen sie ihre natürlichen Waffen; andere ihres Geschlechts zu verdunkeln, andere zu überdunkeln, darum der Putz.

Wer, wenn er schnell aufwacht, nicht gleich herausspringt, versteht nicht die Winke der Natur. Der zweite Schlaf ist ein Postscript, das einem Mann nicht ansteht. Mittagsschlaf ist ein brennendes Licht am Tage.

Wenn du des Nachts reitest, nimm einen Schimmel, er dient dir zur Laterne.

Das beste Mittel gut zu verdauen, ist, einen Armen essen sehen. Wirf deine Magentropfen zum Fenster hinaus, und brauche dieses Mittel.

Ein gutes Gewissen ist besser, als zwei Zeugen. Es verzehrt deinen Kummer, wie die Sonne das Eis. Es ist ein Brunnen, wenn dich durstet, ein Stab, wenn du sinkest, ein Schirm, wenn die Sonne sticht, ein Kopfkissen im Tode.

Es gibt einen gewissen Lesegeiz, alles, was man liest, in seinen Nutzen zu verwandeln, einen Lesevielfraß, alles zu verschlingen, — und da ereignen sich oft Kopfdrücken und Verschleimungen. Sich in einem Buche betrinken, heißt: darüber Sehen und Hören vergessen, und es so vorzüglich finden, daß nichts darüber ist.

Das Schicksal wirft mehr Pfeile auf unser Herz, als auf unsern Kopf — wie auf die Stirn des Deliquenten nur eine Kugel und auf seine Brust zwei Kugeln zielen.

(In Abwesenheit von Fr. X. Weithmann.)
Verantwortlicher Redacteur: J. B. Banoni.
Druck der J. Deschler'schen Buchdruckerei.

Münchener Schalk.

(Sonntags-Beilage zum „Volksfreund".)

III. Jahrgang.   *Nr. 19.*   10. Mai 1863.

Bei Amt.

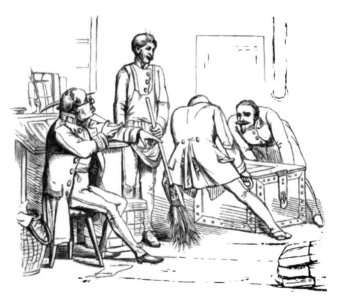

General Cassaverstant: Beim Teufel, bringt ihr jetzt, ihr zwei festen Bursche, die Casse nicht vom Fleck?

Amtsdiener: Ja, wenn da die Versprechungen d'rin wären, dann ging's leicht, aber das Geld sind wir halt nicht gewohnt.

Neues Russenlied.

Einst mußten wir laufen beim Ruthenhiebkrieg'n,
Jetzt aber, jetzt kriegen wir sie nur im Lieg'n,
Mit zweihundert Streichen kann Mancher noch leb'n,
D'rum darf man jetzt mehr als zwei Hundert nicht geb'n,
Im Schiff statt der „Katze" das „Thau" nur allein,
O selig, o selig, ein Russe zu sein!

Vorwärts.

Daß rascher die Natur selbst sei,
Wer will's zu läugnen wagen!
Wir hatten heuer unsern Mai
In den Aprilentagen.

Preisfragen.

I. Wie verhält sich §. 95 eines gewissen Gesetzes zu einem
armen Teufel, wenn ein katholischer Geistlicher zum Cölibat,
aber nicht zur Keuschheit verpflichtet ist.

II. Wenn jene preußischen Gesandten, welche einen Verstand
haben, denselben unter Bismark'scher Staatsleitung verlieren, was kostet dann in Berlin ein Bund Stroh?

III. Wenn Geld mit Risico auf acht Prozent ausleihen eine
Wucherei ist, — „wie heißt?" — dann die väterliche
Fürsorge einer hochlöblichen Corporation, kleine Summen
ohne Risico an arme Teufel zu zehn Prozent zu geben
und selbst da noch Einen Tag für Einen vollen
Monat zu berechnen?

Im Bockkeller.

Herr Schmecker: J woaß net, dem Bock fehlt a Bisl woas, aber i bring's net 'raus. Jetzt hab' i schon sechs Glas trunk'n und sind's net, aber 'rausbringa muß i 's no, und wenn i no zehne trinken muß.

Blöcker: „Ah! grüß Ihnen Gott, Herr Nudler, haben's ja heut wieder a schönes Frauenzimmer bei Ihna, gewiß wieder a Basl. — Nun, wie g'fallt's Ihna denn beim Bock, Fräul'n?

Fräulein: Nun, für gewöhnlich möcht' ich ihn net, wissen's, er legt sich so auf die — — — nun wie sag' ich doch gleich — ja — auf die Nerven, aber ausnahmsweise und in der Früh kann ich den Bock schon vertragen.

Knallhuber: Nun, wie sind Sie mit den Abgeordneten= Wahlen zufrieden?

Biermeyer: O sehr, sehr, — überhaupt glaube ich, gibt es heuer ein zufriedenes Jahr. Der Salvator war recht, der Bock ist recht, das Hofbräuhausbier ist recht und die Ab= geordneten sind auch recht. —

Knallhuber. Aber ich finde doch, daß der Bock einen kleinen Nachgeschmack hat.

Biermeyer: Nun, den können wir am Ende von den Abgeordneten auch bekommen.

---

v. Schnick: Nun, es sind ja wieder einige Dutzend Häuser so verkauft worden, daß jeder Ziegel auf einen Sechser kommt.

v. Schnack: Nun, die Miethleute bezahlen's schon.

v. Schnick: Ja, wie lange werden die Leute noch zahlen können. Will sehen, wie weit es mit dem Schwindel kommt.

v. Schnack: Wie bei jedem Uebermaß. Wenn Sie zu viel Bock trinken, bekommen Sie auch Schwindel und auf den Schwindel kommt — — der Katzenjammer.

Eine Nocturne auf dem Promenadeplatz vom 8. auf 9. Mai 1863.

Einstimmig.

Max Emanuel.

Auf, auf, — auf, auf! ihr lieben Kameraden,
Ihr der Geschicht-, Musik- und Rechts-Soldaten,
Auf, auf! — ein Ständchen bringt ihr großen Lichter,
Für unsern Schiller, unsern größten Dichter,
Denn Morgens wird sein erzgegoß'nes Bild
Gar feierlich am Dultplatz d'raus enthüllt.

Westenrieder.

Ja, ja, der Dultplatz, der verhexte —

Gluck.

Raubt uns den allerschönsten Freund.

Lasso.

Wie herrlich, wenn er wär' der Sechste —

Kreitmeyer.

Mit uns auf diesem Platz vereint!

Alle.

Ja, ja, wenn er nur wär' der Sechste
Mit uns auf diesem Platz vereint!

Max Emanuel.

Wie wollten wir der ganzen Menschheit sagen,
Daß Kunst und Wissenschaft sich gern vertragen
Und rings an unsern Postamenten
Die Kinder Tummelplätze fänden.

Westenrieder.

So aber muß bei großen Hitzen —

Gluck.

Der Schiller auf dem Dultplatz schwitzen —

Lasso.

Und dann an stürmisch wilden Tagen —

Kreitmeyer.

Den Staub und Schmutz der Sahara ertragen.

Alle.

Ja, ja, an stürmischen wilden Tagen
Den Staub und Schmutz der Sahara zu ertragen.

Max Emanuel.

Bedenket nur, ihr Lieben, von uns Allen
Ist Keinem solch' ein schweres Loos gefallen,
Er hungerte beinah' durch's ganze Leben,
Für ihn kann's keine ärgern Stürme geben.

Westenrieder.

Ja, ja, wir hatten, was wir wollten —

Gluck.

Und lebten gütlich, wie wir sollten.

Lasso.

Wir hatten satt, was uns gebührt —

Kreitmeyer.

D'rum wird der Schiller nun auch isolirt.

Alle.

Ja, ja, wir hatten, was gebührt,
D'rum steht der Schiller isolirt.

Max Emanuel.

Fürwahr! der ächte deutsche Dichter,
Für deutsches Recht und deutsche Wahrheit ficht' er,
Wir thaten's auch, doch täuschen wir uns nimmer:
Die ächten Dichter, die verhungern immer.

Westenrieder.

Dafür hat er ein Monumentum —

Gluck.

Das werfen keines Menschen Händ' um!

Lasso.

Das ist im Jenseits dort gewiß —

Kreitmeyer.

Dem Dichter Trost, den man hier darben, ließ.

Alle.

Ja, ja, im Jenseits dort gewiß
Dem Dichter Trost, den man hier darben ließ.

Max Emanuel.

Nun laßt uns von dem Elend schweigen,
Herab von unsern Sockeln steigen,
Ihr sollt, das Ständchen zu probiren,
Vorerst bei mir die Gurgel schmieren;
Ich hab' hier unten ein Hotel,
Das beste Essen, meiner Seel,
Hab' guten Punsch und guten Wein
Und schöne Mädchen obendrein.

Westenrieder.

Was? obendrein? — Was? — obendrein? —
Das muß a kuriose Geschichte sein.

Lasso.

Die könnten etwa mich verführen,

Gluck.

Wie läßt sich dieses komponiren?

Kreitmeyer.

Juridisch kann das schon gescheh'n.

Max Emanuel.

Still! — laßt uns geh'n!

Alle.

Ja! laßt uns geh'n!
Ja! ja! ja! ja!
Laßt uns geh'n!
Laßt uns geh'n!

(Alle steigen ernst und feierlich herab und schleichen in's Cafe des
Max Emanuel.)

Beim Bierkrug.

Natzi: Also bös soll a Summerbier sein, da merkst ja gar kein Unterschied?

Jackl: Ja, am Bier merkst koan, aber am Geld schon!

——— ✕ ———

Meister Gradaus und Geselle Vorwärts.

Geselle: Sie, Meister, was ist denn der Reform-Verein?

Meister: Der ist da, daß Alles in Staat und Kirche reformirt werden soll.

Geselle: Nu, bös is net schlecht, bös sind ja Ketzer.

Meister: Ah, warum nicht gar, im Gegentheil, das sind die Besten.

Geselle: Ja, aber excommunicirt werden's doch, wenn's Alle reformirt werden.

———

Meister: Es ist zum Teufel holen; da hab' ich dem Nachbar ein Geheimniß anvertraut und jetzt weiß schon die ganze Stadt.

Geselle. Es war halt net unter vier Augen.

Meister: Freili war's unter vier Augen.

Geselle. Na, verzeihen's, es war unter fünf Augen; denn Sie haben vier Augen, und der Nachbar is einaugig, bös macht fünfe.

(In Abwesenheit von Fr. X. Weithmann.)

Verantwortlicher Redacteur: J. B. Vanoni.

Druck der J. Deschler'schen Buchdruckerei.

Münchener Schalk.

(Sonntags-Beilage zum „Volksfreund“.)

III. Jahrgang.   *Nr. 20.*   17. Mai 1863.

Beim Abschied.

Herr von Stallmeyer: „Nun, jetzt leb' wohl, lieb's Weiberl, ein Mal muß sein.“

Gattin: „„Nun leb' wohl! aber das sag' ich Dir, laß Dich von keiner so leichten Pariserin verführen, nimm Dich ja recht in Obacht und wenn Du zum Napoleon kommst, so sag' ihm doch, er möcht' die Preußen ein Bisl durchprügeln.““

Herr von Stallmeyer: „Ei, ei, den Potsdamer Junker, der bei uns in der Sommerfrische war, der galt doch so ziemlich viel bei Dir.“

Gattin: „„Ja weißt, lieb's Mannerl, die Preußen sprechen halt gar so schön, aber seit ich weiß, daß heuer ein Reformvereinler kommt, sind mir die Oesterreicher lieber, die sprechen nicht so lange von einer Sache, sondern greifen gleich zu.““

Diensteifer.

Polizeidiener: „Meine lieben Leut', zwölf Uhr ist's, jetzt macht's, daß z' Haus kimmt's!"

Einer der Gäste: „„Im Nebenzimmer sitzt der Herr Landrichter und hat grad einschenken lassen, schaffen's fein da auch ab.""

Polizeidiener: „Ja, meine lieben Leut', den wenn ich abschaffen dürft, den hätt' i scho lang abg'schafft."

Spieldiscours.

Frau: „Na, du Mann, wie lang se der Nachbar wieder b'sinnt, bis er ausspielt."

Nachbar: „„Ja, was soll i thun, i hab' halt drei König',
grab der Schellenkönig geht mir ab.""

Wirth: „„„No da wart'st, bis die Griechen an König auf=
treiben, nachher gibst an Schellenkönig"""

Nachbar: „„Ja, ja, du moanst, d' Schellen hängen ihm die
Engländer an? — Du Luderkerl!

Theatralisch-Nachrichtliches.

Geh nicht zum Schmiedlein, geh zum Schmied;
Dieß Wort in ew'ger Wahrheit glüht?
Wärst Du gegangen zu dem Schmied,
So hätte wahrlich nicht ein Tritt,
Dich unter Blitz und Wettern
Getrieben von den Brettern.
Drum merke Dir das Lied:
Geh nicht zum Schmiedlein, geh zum Schmied.

Geh nicht zum Schmiedlein, geh zum Schmied,
Dieß Wort in ew'ger Frische blüht!
Drum frag ich gleich, wer ist der Schmied,
Der bei der Wahrheit zornig glüht?
Der Schmied, der ist ein Schmiedlein,
Ist schmutzig und will rein sein
In Summa ist der Schmied,
Er ist ein Schmiedlein Glied für Glied.

Beim Utzschneider.

A-mayer: „Ich weiß nicht, was Du mir für eine G'schicht'
alleweil g'macht hast von dem Utzschneidergarten."

B-mayer: „„Wie so?""

A-mayer: „Nu, ist denn bös auch a Garten. Dös is ja
nur grab ein kloans Höferl."

B-mayer: „„Nu ja, groß ist der Garten grab nicht, aber
schau a mal nauf die Höhe!"" —

Zornlied um Holstein-Schleswig.

Wer hat ein deutsches Herze,
Wer hat ein deutsches Blut,
Der faßt sich nicht in Ruhe,
Der faßet grimmen Muth.

Noch ist nicht vorüber
Des bösen Faustrecht Zeit,
Ein kleiner, kleiner Ritter,
Lös unser Volk bedreut.

Des großen Volkes Rechte
Der kleine Ritter kennt,
Des großen Volkes Rechte
Der kleine Ritter höhnt.

Auf! zorn'ges Volk, und schirme
Deine Gränzen wieder ihn,
Laß dir nicht mehr noch nehmen,
Zuviel ist schon dahin.

Die Locken sind zerschnitten,
Die Nägel blutig wund,
Und mancher Nerv gelähmet,
Wird nimmermehr gesund.

Halt ab das kecke Messer,
Dem Herzblut bringt es zu;
Streck deinen Arm entgegen,
Gib auf die eitle Ruh'!

Es ist ein Bund gekettet,
Aus Ringen wohl bestellt,
Ein Glied hinweggenommen,
Der ganze Bund zerfällt.

O edle deutsche Fürsten,
Weist ab die kühne Hand,
Und loben wird euch jeder
Im ganzen deutschen Land.

Ein Jeder wird euch singen,
Des Preises hohes Lied,
Sein Herzblut Jeder bringen,
Mit liebendem Gemüth.

Geht hin zum hohen Frankfurt
Und haltet rechten Rath,
Bestraft den Dänen Ritter,
Der euch verspottet hat.

W . . nm . . . r.

Anzügliche Anzeigen.

** Eine leere Schlafstelle ist zu vermiethen an ein auswärtig beschäftigtes Mädchen katholischer Religion.

** Ein kinderloser Familienvater verlor beim Bock seinen Stock von Perlenmutter; dortselbst ist auch ein Haus für einen Kanarienvogel auf Michaeli zu vermiethen.

** Ein verheiratheter Mann, welcher noch nie in Kriminal-Sachen verurtheilt wurde und einen Sohn beim Bürgermilitär hat, empfiehlt sich dem hohen Adel und hochverehrlichen Publikum als Hundsscheerer. Strengste Verschwiegenheit wird garantirt; auch werden dortselbst alte Haarkämme gereiniget; auf Verlangen kann derselbe auch Kaution leisten. Das Uebrige versteht sich von selbst.

** Ein Frauenzimmer vom Lande von mittlerer Größe, ohne oder mit Krinoline, kann bei einer adeligen Dame unentgeltlich Aufnahme finden gegen ein monatliches Honorar von fl. 50.

.*. Ein Mädchen, welches mehr auf Lohn als auf grobe Behandlung sieht, sucht einen Platz, am liebsten bei einem alten Wittwer mit Vermögen.

.*. Eine Dame mit etwas Vermögen aus den dreißiger Jahren sucht sich mit einem Manne ehelich zu verbinden, am liebsten mit einem Zahnarzt, da sie ein ganzes Gebiß nothwendig bedarf.

Gedanken-Spähne.

.*. Man spricht und hört so viel von „Gesinnung", besonders die Gesinnungslosen. —

.*. Gewisse Herren, besonders aus der vornehmen Klasse, sprechen besonders verächtlich von gefallenen Mädchen, ohne zu erwägen, daß selbe durch lüderliche Buben ihres Gelichters zum Falle kamen. —

.*. Es gäbe keine wucherischen Helfer, wenn es menschenfreundliche gäbe. Der Jude, der dem Bedrängten gegen hohe Zinse in momentaner Noth Geld schafft, ist doch noch besser als der Mensch, der ihn mit christlichen Worten abspeist.

.*. In der Umgangssprache hört man häufig: dieser oder diese hat ein „Verhältniß"; bei näherer Anschauung erkennt man aber, daß es ein Mißverhältniß ist.

.*. Es kann die Gewohnheit zum Laster und ein Laster zur Gewohnheit werden.

.*. Wer zum allgemeinen Besten Alles geopfert, den hat man im Allgemeinen „zum Besten".

.*. Manche Menschen haben einen eigenen Kalender, darin stehen immer nur — Hundstage. —

Aphorismen von Jean Paul.

Die Liebe ist Demuth; der Trauring prangt mit keinem Juwel.

So lange ein Weib liebt, liebt es in einem fort, — ein Mann hat dazwischen zu thun.

Wenn zwei Menschen im schnellen Umwenden mit den Köpfen zusammenstoßen, so entschuldigt sich jeder voll Angst, und denkt, nur der andere habe den Schmerz und nur er selber die Schuld. Wollte Gott, wir kehrten's bei moralischen Stößen nicht um!

Das Alter ist nicht trübe, weil darin unsere Freuden, sondern weil unsere Hoffnungen aufhören.

Keine Gedanken sind weniger zollfrei, als die witzigsten.

Ein Libertin zeigt in einer Gesellschaft, wie ein Luft= reinigkeitsmesser, durch die verschiedenen Grade seiner Kühnheit die verschiedenen Grade des weiblichen Verdienstes an.

Unter den Menschen und Borsdorferäpfeln sind nicht die glatten die besten, sondern die rauhen mit einigen Warzen.

Das Weltleben schleift alles Große am Menschen weg, wie das Wetter an Statuen und Leichensteinen gerade die er= habenen Theile wegnagt.

Es ist leichter, eine übertriebene Achtung vorzuspiegeln, als eine wahre auszudrücken.

An den Menschen sind vorn und hinten, wie an den Büchern, zwei leere weiße Buchbinderblätter — Kindheit und Greisenalter.

Wenn man beim Stiche der Biene oder des Schicksals nicht stille hält, so reißet der Stachel ab und bleibt zurück.

Die Leiden sind wie die Gewitterwolken, in der Ferne sehen sie schwarz aus, über uns kaum grau.

Meiſter Gradaus und Geſelle Vorwärts.

Geſelle: „Sie, was hat denn der Profeſſor Froſchhammer
Schreckliches geſagt, daß er von Rom aus gar ſo verfolgt
wird?"

Meiſter: „„Ja Sie, denken Sie ſich nur, er hat geſagt:
Die Vernunft geht über Alles.""

Geſelle: „So? dann glaub' ich's freilich, daß er gehaßt
wird, wenn er ſo unvernünftig redet."

Meiſter: Dös is ſchon aus ter Weiſ', was ös G'ſell'n für
a Arbeit machts, daß ma ſich ſchamen muaß vor der
Kundſchaft.

Geſelle: Paſſens auf wenn die Gwerbfreiheit amol graßirt,
do gibts gar koan G'ſell'n mehr.

Meiſter; Der Schoden is net groß.

Geſelle: (lacht.) Ein Mittel war ſchon do.

Meiſter: Nu?

Geſelle: Weil die Maſter gar ſo gute Arbeiter ſan, nach=
her ſoll'n die Maſter nur G'ſell'n wer'n, nocher is glei
g'holfen.

Meiſter: Gelt jetzt haltſt bei Maul. —

Meiſter: Haſt dem Schiller ſein Mantel von hinten net
ang'ſchaut, mir ſcheint er ſchlecht 'goſſen.

Geſelle: Ja, i glaub den haben's net goſſen, ſondern ſo
g'hobelt.

(In Abweſenheit von Fr. X. Weithmann.)
Verantwortlicher Redacteur: J. B. Banoni.
Druck der J. Deſchler'ſchen Buchdruckerei.

Münchener Schalk.

(Sonntags-Beilage zum „Volksfreund".)

III. Jahrgang.   *Nr. 21.*   24. Mai 1863.

Herrn v. Schwindelberg's Stunde der Krisis.

O ich Thor, daß ich vergaß, noch einen Kleiderjuden zu bestellen. Die Exekution muß jede Minute vor sich gehen. Stuhl und Tisch gehören der Hausfrau, den Schirm sollen sie haben, damit sie sehen, daß ich immer Schutz gegen Oben suchte. O könnte ich nur noch einige Minuten fort, aber Hut und Stiefel sind dahin, ich verkaufte sie, damit sie mich in den Schuldthurm fahren müssen. O hätte ich doch auch die Kleider verkauft, damit ich die Gerechtigkeit in ganzer Nacktheit empfangen könnte! — O! sic transit gloria mundi! — Wenn ich nur wüßte, ob sich's noch lohnte, zu den Franzosen als Pflasterschmierer nach Mexiko durchzubrennen. —

Bedenken.

Der Weithmann sagt wohl immer: Die Wahrheit macht frei, aber ich sage: es ist nicht wahr. Wenn Sie in der Zukunft fortfahren, noch immer die Wahrheit zu sagen, so werde ich den Antrag stellen, daß Sie wegen fortgesetzter Lügenhaftigkeit, Verläumbung und Injurien auch fest gesetzt werden, wie der Weithmann. Merken Sie sich das.

Vulkan, kgl. Zeugschmid.

* * *

Du hast der ganzen Welt durch die Wahrheit in's Gesicht geschlagen. Oder weißt Du am Ende gar nicht einmal, daß die Bretter die Welt bedeuten.

Wilhelmus I. dux.

* * *

Man sagt immer, es ist nichts finsterer, als ein Mohr mit geschlossenen Augen, unterm Arm eine schwarze Katze bei dunkler Nacht in einem tiefen Kellerloch. Na, wenn das schon finster ist, wie sieht es denn nachher in Deutschland aus.

Mohr von Venedig.

* * *

Sedlmaier pro Weiß.

Bratst Du mir die Wurst,
So lösch' ich Dir den Durst.

* * *

Sogar auch ich mit meinem kalten Blut und nordlichtfinsterlichen Temperamente glaube, daß die Freiheit der Völker einst über den Trümmern Roms ihren Triumphzug halten wird. Mit dieser Meinung braucht man gar kein warmer Anhänger Garibaldi's zu sein.

Eskimo,
Nordpolarlandmann.

Die Nationalvereinler haben Recht, wenn sie sagen, die Reformvereinler taugen nichts; die Reformvereinler haben aber auch Recht, wenn sie sagen, die Nationalvereinler taugen nichts; d'rum halt' ich's mit dem Volksboten, vor dem fürchten sich Alle — Alle.

Weiß,
Münchener Stadtbremser.

* * *

Ich protestire gegen die Zumuthung, als fürchte auch ich mich vor dem Volksboten. Ich glaube, daß ich bei der Völkerschlachtsfeier durch die Verbrennung des Volksboten genug Beweis für das Gegentheil geliefert habe.

Fentsch.

* * *

Wenn ich die Mutter des Königs Franz zu einer Heiligen mache, so wird man ja auch wohl ihren Sohn für einen politischen Marthrer halten.

Romulus.

* * *

Die Schneider sind halt immer kampflustige Leute, was die Scene der zwei Bamberger Bezirksschneider wiederholt documentirt. Ich halte deßwegen recht viel auf die Bekleidungs-künstler, obgleich ich in der Regel nackt bin.

Rothhaut,
Emigrant und natürliches Mitglied der
rothen Partei in Deutschland.

* * *

Ich meine, den Schustern fehlt auch der Muth nicht, sonst würde nicht ein College das Duell des Grafen Wielopolski mit dem Prinzen Napoleon ausfechten wollen.

Pechfuchs.

* * *

Wenn Prinz Napoleon im Duelle fällt, ist dann Clotilde noch immer die weinende Prinzessin?

— ❧✠❧ —

Auf der Auer Dult.

Lenerl: „Nu Waberl, was laffst denn Du?"

Walberl: „„Z, i laff mer an Matrofen=Hütl, woaßt so an,
wie die Ministerial=Räthin an hat.""

Lenerl: „Ze, a Matrosen=Hütl — die san ja scho so allgemein, daß 'n a jedes Bürgersmadl tragt. Da hob i scho
a bessers Gschmackerl."

Walberl: „„Nu, was wär nacha bei Gusto?""

Lenerl (macht einen vornehmen Kopf): „Nu, i hab' so a zwei
Korolin beisamm', und da kauf' i mir a wunderschön's
Garibalderl. Da werst schaug'n, Du g'schmoch's Ma-
trosen=Hütl. Jetzt mach, daß D' weg gehst, da kommt mein
heimlich's Verhältniß, der Baron Schlederl."

(Sie trennen sich.)

Suum cuique.

Advokat: „Wenn wir unsere Leute so ärgern nicht könnten,
       Sie hätten die Hälfte nicht Ihrer Patienten;"

Arzt: „„Und förderten wir nicht von Ihren Clienten
       Die Eine Partei in das ewige Reich,
    So daß ex officio den Streit Sie beenden,
    So schritte die Andre zuletzt zum Vergleich.""

Wichtigkeit.

Franz: „He, Johann, halt! — Du eilest recht,
       Geht's bei dein' Herrn wieder schlecht?"

Johann: „„Still, still, er mußt' wohl schon erblassen,
       Doch will er's noch nicht wissen lassen.""

Verſöhnung.

Märzhuber:

Nun ſchmeckt Euch, — ſo ſcheint es, — das koſtbare Naß,
    Das Ihr dort im Wachsjahr verachtet,
Ihr trinkt nun behaglich aus ſelbigem Faß,
    Das Ihr zu vernichten getrachtet.

Zopfmeyer:

Ei! das mein Schätzbarſter, das wiſſet Ihr doch,
    Der Wein wird ſtets beſſer durch's Liegen.
Dort war in gefährlicher Gährung er noch
    Und Ihr trankt in berauſchenden Zügen.

Märzhuber:

Im Weine iſt Wahrheit und Wahrheit iſt alt
    Und die Freiheit die liebende Schweſter,
Ihr habt ſie geknechtet durch wilde Gewalt,
    Doch das knüpfte die Bande nur feſter;
Denn als ſie ſich fühlten, da brachen ſie vor
    Und ſprengten das ſklaviſche, eiſerne Thor,
Das hat Euch wohl Leben und Zittern gebracht,
    Denn Ihr haßtet die Sonne und liebtet die Nacht!

Zopfmeyer:

Nun aber ist's anders, wir gehen mit Euch,
  Uns leiten gleichartige Triebe,
Wir wollen ein großes, ein mächtiges Reich,
  Umschlungen von Eintracht und Liebe:
Wir wollen von nun an versöhnet sein,
  Beseelet von einigem Streben.
Hoch soll die Freiheit, — der Wein am Rhein,
  Und hoch ganz Deutschland leben!

Märzhuber:

Hoch lebe das einige, freie Land,
  Hoch lebe die deutsche Bruderhand!

(10 Jahre später.)

Was war das herrlicher, lachender Wahn,
  Vom einig, deutsch brüderlich Lieben!
Der Eine, der ist ein Freiheitsmann,
  Der Andre ein Haarzopf **geblieben.**

———✳———

Der ärztliche Rath.

Zipferl: „Herr Dokta, dös is nur a klein's Ritzerl und
  will halt net heilen."

Doktor: „„Ach, da ist leicht zu helfen. Da ist nichts heil-
  samer, als wenn Sie die kleine Wunde mit dem nüchternen
  Speichel belecken.""

Zipferl: „Ja, Herr Dokta, aber wo bring' denn i an nüchternen Speichel her, ich bin 's ganz' Jahr kei' Stund'
  nüchtern."

———◆———

Zum Fortschritt.

Dinglstädt wäre zeitgemäß nach Heine,
  Denn Dinglstädt hat ja Fortschrittsbeine.

Posa.

———◆———

Hanns Dampf in allen Gassen.

(Zschocke's Novellen, Band X., Seite 207.)

„Hanns Dampf hatte aber gerade so viel oder so wenig Gewissen, wie ein großer Staatsmann haben soll, der lieber eine Provinz, als einen seiner Einfälle umkommen läßt, und dem gar behaglich zu Muth sein kann, wenn auch einem ganzen Volke bei seiner Staatsklugheit höchst übel ist.“

In Neustettin soll, wie wir in den Zeitungen lesen, ein Geistlicher auf der Kanzel das große Wort gelassen ausgesprochen haben: „Die Freiheit und die hohe Bildung, diese Schandbirnen, treiben jetzt auf offener Straße ihr Wesen!“

Die Scheinheiligkeit und die Heuchelei, diese Demi-monde, treiben ihr Wesen allerdings weniger auf der Straße, als hinter den Thüren und Mauern hoher Häuser und Palläste.

Das preußische Wappen wird verändert und bereichert. Wie wir aus zuverläßiger Quelle vernehmen, soll die Veränderung und Bereicherung darin bestehen, daß die beiden wilden Männer mit Loyalitätsleibröcken bekleidet werden.

Preisfragen.

Wenn ein kräftiger Mann von einer alten Klapperschlange gebissen wird und in Folge dessen binnen 6 Stunden stirbt, wie viele Minuten noch lebt ein giftgeschwollener Recensent, wenn er sich zufällig in die Zunge beißt?

Wenn man an den Geistesprodukten eines Literaten nicht ersehen kann, ob er der kaukasischen oder malaiischen Race angehört, an was erkennt man an einer Statue, ob sie einen Dichter, Gelehrten oder Compositeur verewigen soll?

Meister Gradaus und Geselle Vorwärts.

Meister: „Nun, mit dem neuen Theater soll's ja jetzt doch
was werden und ein hiesiger Dichter soll die Oberleitung
bekommen, aber es ist noch Geheimniß, welcher das ist."

Geselle: „„Nun, sie werden schon so klug sein und gleich
zum Schmied gehen, statt zum Schmiedle.""

Meister: „Ja, die Oberleitung ist die Hauptsache, damit
Alles auf gutem **Boden steht.**"

———

Meister: „Warum kann wohl der Punsch den Augsburger
Bürgermeister, den Fischer, nicht leiden?"

Geselle: „„Wahrscheinlich weil ein Fischer keine Rücksicht
nimmt auf die Gattung, sondern allen Fischen nachstellt,
von der Grundel bis zum Stockfisch.""

———

Meister: „Der Punsch muß auch im Reform-Verein sein,
weil er so — — —"

Geselle: „„Nun, da g'hört er auch mit Recht hinein, denn
nichts **benebelt** so bekanntlich, als gerade der Punsch.""

———

Meister: „Zwischen dem Wiener Hanns Jörgel und der
Stadt-Frau-Bas soll ja eine bedeutende Aehnlichkeit sein."

Geselle: „„No vielleicht so, wie zwischen dem lebendigen
Schiller und seinem Abguß.""

(In Abwesenheit von Fr. X. Weithmann.)
Verantwortlicher Redacteur: J. B. Banoni.
Druck der J. Deschler'schen Buchdruckerei.

Münchener Schalk.

(Sonntags-Beilage zum „Volksfreund".)

III. Jahrgang.   Nr. 22.   21. Mai 1863.

Telegraphische Depeschen.

London. Wir stehen am Vorabende wichtiger Ereignisse.

Paris. Die Lage Europa's wird immer drohender, wenn nicht Napoleon, wie einst Alexander den Knoten entzwei haut.

Petersburg. Wir stehen auf einem Vulkan und während wir siegen, verlieren wir.

Wien. Sobald die Insurgenten den vollen Sieg an allen Orten errungen haben, will Frankreich und England bewaffnet einschreiten.

Frankfurt. Der Bundestag macht nächstens Ferien in die Sommerfrische, — kommt aber wieder zurück.

—»«—

Auf der Gasse.

Muxl. Du, mit dem Herrn Wilhelm ist's bo net ganz sauber; er soll an Gehirnerweichung leiden.

Schopperl. Ah, warum net gar, da is von einem Gehirn-Leiden gar keine Red'.

Muxl. Nu, was fehlt denn nachher dem Bißmark?

Schopperl. Der hat eine schlechte Constitution und wird vielleicht an einem Halsleiden heut' oder morgen ver — ver — verenden.

Polenlied.

Polen ist noch nicht verloren,
   Denn der Plon=Plon **spricht** dafür;
„Polen, bestes Volk auf Erden,
O du mußt gerettet werden.

   Edle Polen, haltet aus,
   Zieht als Sieger einst nach Haus,
Dann wohl werden froh wir eilen,
Diesen Sieg mit euch zu theilen."

* * *

Polen ist noch nicht verloren,
   Denn der Papst spricht ja dafür;
„Edle Polen, Christenbrüder,
Werft die Ketzer Russen nieder,

   Pflanzt auf ihrem Leichenhauf'
   Meine römische Fahne auf,
Und wir werden gerne eilen,
Dann den Sieg mit euch zu theilen."

* * *

Polen ist noch nicht verloren,
   Garibaldi spricht dafür;
„Muth! ihr Polen = Demokraten,
Freiheits = Brüder, Rechts = Soldaten,

   Gießt die Kugel, wetzt den Dolch,
   Nieder den Tyrannen = Molch,
Später werden wir dann eilen,
Euern Sieg mit euch zu theilen."

* * *

Polen ist noch nicht verloren,
   Denn noch Mancher spricht dafür.
Könnte man aus deinen Ketten,
Schönes Polen! dich erretten.

Durch Geſchwätz und Vivatſchrei'n
Wär' der Sieg ſchon längſtens dein,
Doch die Chriſten, die hier wandeln,
Schwätzen. — Nur die Juden **handeln.**

Preisfragen.

Wenn ein undeutſcher Accent, ein monotoner, ſchleppender Predigervortrag Zeichen eines ſeltenen künſtleriſchen Darſtellungsvermögens ſind, wie viele Lorbeerblätter bekömmt man dann für drei Kreuzer?

Wenn ein Hochwohlgeborner oder Hochwürdiger ſich den Hals abſchneidet, mit größtem Beileid und allen Ehren begraben, dagegen ein armer Teufel, der ſich aus Noth und Elend erhängte, wie ein todter Hund in die Grube geworfen wird, wie viele Meilen hat dann ein civiliſirter Europäer in das Land der Hottentotten?

Wenn ein kriegeriſches Volk binnen Monatsfriſt 600,000 Mann gute Truppen ſtellen kann, welche alle Tage drei Wegſtunden vorwärts gehen, wie weit werden ſie kommen, bis der deutſche Bund — wenn keine Ferien ſind — Kriegsbereitſchaft angeordnet haben wird?

Welche Zeit im Voraus müßte Napoleon dem deutſchen Bund den Krieg ankündigen, damit Letzterer rechtzeitig einen Oberfeldherrn und dieſer ſeinen Feldzugsplan machen könnte?

Wenn ein Volk, nur ſein gutes Recht wehrend, von einem Machthaber mit „Blut und Eiſen" bedroht wird, wie viel Fuß hoch müßte ein Laternenpfahl ſein, um dieſen Mann nach Verdienſt zu erhöhen?

Wenn Deutschlands Heer von 100 Prinzen kommandirt würde und Frankreich nicht Einen in's Feld rücken laſſen könnte oder wollte, wie viele Niederlagen müßten die Franzoſen erleiden, bis der Sergeant Napoleon General iſt?

———————

Wenn die Verfaſſung brechen, alles Recht mit Füßen treten und ein ganzes Volk dem Abgrunde zuführen „von Gottes Gnaden geſchieht, was haben dann die Menſchen von dem Teufel zu erwarten?

———— ❦ ————

Biermaier und Bockhuber.

Biermaier: „Was hört man denn jetzt vom National-Verein?"

Bockhuber: „Ei, die Nationalvereinler ſind ſeit dem Bismark'ſchen Platzregen wie die getauften Mäuſe in ihre Löcher geſchloſſen; nur hie und da ſchreit Einer: i ch bin ein Fortſchritts-Mann! und **ſchreitet** aber auch in ſein Mausloch **fort.**""

Biermaier: „Wie ſteht es aber mit der Central-Beglückungs-behörde von Deutſchland, dem großdeutſchen Verein? — —"

Bockhuber: „„Die großdeutſchen Schreier ruhen auf ihren Lorbeeren, wie die Hennen bei dieſen warmen Maitagen auf dem umgeſcharrten Sand, und pflegen in siesta — des bureaukratiſchen Bäuchleins, nachdem durch ihre Wahlen zum Landtage **„Deutſchland"** auf den Culmina-tions-Punkt des Glückes gehoben ſein wird. — Man muß ſich aber hüten, den bureaukratiſchen Zündhölz-chen einen Anſtrich zu geben, ſie ſind aus Heu, Stroh und ſonſtig ſehr brennbarem Material zuſammengeſetzt, heizen ihre Luftballone mit verdünnter atmoſphäriſcher Luft, und der Bureau-Wind führt dich per Oſtbahn zu ſchönen Aus-ſichten nach Oberhaus.

Biermaier: „Ja, was soll denn nun aus der ganzen Geschichte und dem großen Lärmen von deutschen Beglückungs-
Maßregeln werden?"

Bockmaier: „„Nichts — als daß in die Kammer ein Paar
reaktionäre servile Mitglieder sich einträgliche höhere Stellen
zu suchen Gelegenheit finden, und die preußischen Igel-
spitzen sind von selbst abgebrochen.""

Biermaier: „Ei, wenn nur ein Paar von den vielen Millionen Bewohnern Deutschlands beglückt werden, so ist doch
etwas geschehen, und die Millionen können es vielleicht
homöopathisch zu ihrem Glücke träumen."

Bockhuber: „„Meinetwegen. Das weiß ich aber gewiß,
daß weder die Millionen Deutschen, noch ich im Geringsten
von einem solchen Glück etwas spüren; und da ist es ge-
scheidter, man geht an die Central-Bockbehörde „Bock-
stall" im Hofbräuhaus, da genießt man mehr Glück, als
in allen diesen großdeutschen Haspelvereinen.""

Dixi,
Hofbräuhäuslerius.

--- ◆◆◆◆ ---

Cigarren und Menschen.

Die Cigarren und die Menschen
Sind im Vielen sich ganz gleich,
Drum will ich die Aehnlichkeiten,
Liebe Freunde, künden Euch.

Die Geburt zeigt uns bei Beiden,
Bei Cigarren und beim Kind,
Daß, da man sie Beide wickelt,
Beide Wickelkinder sind.
Und je feiner die Cigarren
Und das Kind von Abkunft sind,
Desto feiner sind gewickelt
Die Cigarren und das Kind.

Junge Menschen und Cigarren
Haben noch viel Feuchtigkeit,
Und die trocknet nur bei Beiden
Erst das Alter und die Zeit.
Bei den jüngeren Cigarren
Geht das Feuer öfters aus,
Doch die alten, ja die halten,
Mit dem Feuer spärlich haus.

So stirbt auch bei jungen Menschen
Oft die Lebensflamme hin,
Während man bei manchen Alten
Sie noch kräftig sieht erglüh'n.

Bei Cigarren wie bei Menschen
Kauft man manches oft für ächt,
Doch was man für ächt gehalten,
Zeigt sich dann für falsch und schlecht.
Diese Täuschung zahlt oft theuer
Der, der nur auf's Deckblatt sieht,
Zwischen Sein und zwischen Scheinen
Liegt ein großer Unterschied.

Bei Cigarren wie bei Menschen
Zeigt sich die Vergänglichkeit,
Beide werden einst zu Asche,
Beide sind ein Raub der Zeit.
Drum genießt Cigarr'n und Leben
Nicht mit gar zu raschem Zug,
Sonst verfallt Ihr wie Cigarren
Allzufrüh dem Aschenkrug.

— ⦅◈⦆ —

Begegnung.

Spügerl. Nun, Sie, der Herr B. hat halt doch ein
schönes Glück g'macht, ein schöner Posten das!

Schnackerl. Glaub's schon, dem hat der P. und der P. geholfen.

Spugerl. Nun, das ist nachher pä pä! — Aber sagen's, warum helfen denn gerade die Oberpfälzer so zusammen?

Schnackerl: Wahrscheinlich, damit Keiner vom Andern 'was ausschwätzt.

Meister Gradaus und Geselle Vorwärts.

Meister: „Nun, itzt dürfen ja die Geistlichen keine Bärt' mehr tragen."

Geselle: „„Wo?""

Meister: „Nun, im G'sicht, Esel."

Geselle: „„Haben's ja die Apostel und Kirchenväter auch tragen.""

Meister: „Die jetzigen sind aber keine Apostel und Kirchenväter mehr."

Geselle: „„Es verleiht ihnen aber ein würdiges Ansehen.""

Meister: „Ah was! jetzt schauen sie mehr auf eine ansehnliche Würde."

Geselle: „No, wissen's, Meister, der Staberl sagt ja auch überall: wenn i nur was davon hab'."

Meister: „Haſt's geleſen, die Staatsſchulden-Tilgungs-Commiſſion ſchickt Einen Abgeordneten nach Berlin, um die Geſchäfts-Vereinfachung zu ſtudiren."

Geſelle: „„No, da werden die Zeitungen wieder Lärm aufſchlagen von der preußiſchen Intelligenz, zu der Alles wallfahret.""

Meiſter: „Hätt' ſelber nie geglaubt, daß man bei dene bureaukratiſchen Haarzöpf' und bekannten Vielſchreiber was lernen könnt'."

Geſelle: „„Ja, wiſſ't Meiſter, von dene ſchriftliche Schreibens und Rechnens verſteh'n wir net gnua.""

Meiſter: „Jetzt bauen's den Kanal grad zwiſchen dem engliſchen und franzöſiſchen Geſandten."

Geſelle: „„Nun da muß nachher bald das engliſche und franzöſiſche Waſſer zuſammenlaufen.""

Meiſter: Nu, warum haſt jetzt g'lacht?

Geſelle: Ja ich hab' geſtern im Hof von einem Gaſthaus und Reſtauration den Anſchlag geleſen: In dieſem Hofraum iſt jede Verunreinigung ſtrengſtens verboten."

Meiſter: Nu, 'was gibt's denn da zum Lachen?

Geſelle: Ja, wiſſen's, derſelbe Hof iſt ſo voll Dr .., daß man gar nicht wüßt', wo man die Verunreinigung anbringen könnt'.

(In Abweſenheit von Fr. X. Weithmann.)
Verantwortlicher Redacteur: J. B. Banoni.
Druck der J. Deſchler'ſchen Buchdruckerei.

Münchener Schalk.

(Sonntags-Beilage zum „Volksfreund".)

III. Jahrgang.   *Nr. 23.*   7. Juni 1863.

Die verunglückte Landpartie.

(Eine rührende Geschichte.)

Urschi — welch' hochpoetisch zauberischer Name! — Urschi
war in einer der größern Städte des civilisirten Europa's Cafe-
Kellnerin in des Wortes verwegenster Bedeutung, und kein
Sterblicher wagte sie anders als per Fräulein zu tituliren, um
nicht von dem Blitzstrahle ihrer flammenden Augen zornesprüh-
end zerschmettert oder gar nicht beachtet zu werden. Wer ihr
nicht besonders zu schmeicheln verstand, mußte froh sein, wenn er
nach langem Warten und Uebersehen ein Glas Neigebier aus
ihrer beglückenden Hand erhielt und doch — wie sonderbar oft
die Gegensätze scheinbar im Menschen spielen — war ihr Herz
so voll und so schwer von Liebe, daß diese den stärksten Mann
erdrückt und vernichtet hätte, wenn sie ihn allein damit erfreut hätte. Das wußte sie selbst nur zu gut und in edler

Nächstenliebe theilte sie deßhalb Herz und Neigung in so viele Stücke, als nur immer der Andrang und das Bedürfniß heischte. Urschi war eine hingebende Jungfrau und manche junge Frau zitterte für ihren Mann, daß er von ihren Reizen gefangen werde. Daß Urschi für ihre Theilnahme und ihren Beistand, den sie so Manchem, der krank in Kopf und Herz zu ihren Füßen lag, leistete, Geschenke entgegennahm, sie mochten nun in einer Münzwerkstätte oder in einem Juwelier = Atelier gefertigt worden sein, wer sollte ihr das verargen in einer Zeit, in welcher Alles Geld kostet und in welcher man schon für das Ausfüllen eines hohlen Zahnes einen Gulden bezahlen muß.

Der wohlthuende Sinn, welcher unsere Urschi beseelte, ließ sie bald den Fesseln der Zwingherrschaft entfliehen, und so sehr ihr Herr Cafewirth bedauerte, eine in jeder Beziehung so gewandte und rührige Aufwärterin verloren zu haben, so tröstete ihn doch die bald realisirte Hoffnung, bei der so fein raffinirten Bildung der Neuzeit ein entsprechendes Surrogat zu finden.

Urschi lebte nun auf eigene Faust. Neue Bekannte und neue Freunde gesellten sich zu den bisherigen, und der Kreis ihrer intimen Verhältnisse wurde immer weiter.

Wie aber ein altes Fräulein, das schon mit 50 Jahren wegen zu oft erfahruer Treulosigkeit der Männer den Freuden der Liebe entsagend, unter ihrem Dutzend Hunden und Hündchen immer Ein Favoritvieherl hat, so hatte auch Urschi unter dem Schwarm ihrer Freunde Einen August, der nicht blos schlank und hektisch war, sondern damit auch alle andern Eigenschaften eines ächten Liebhabers verband. August hatte nur den einzigen Fehler, daß er sehr stark vom Schwindel behaftet war, so daß er schon als Cadet auf dem schmalen Brückenwege zum Portepée die moralische Bilançe verlor und so in's Wasser stürzte, daß der Oberst ihn für fernern friedlichen Kriegsdienst unfähig erklärte. August war nach dieser Taufe überzeugt, daß er durch alle Wasser gewaschen werden müsse, um den Schwindel, zu dem sich seine Natur so sehr neige, einigermaßen zu befriedigen.

Nachdem er als Unterhändler und Handlanger jener verachtenswerthen und tief noch unter den Wucherern stehenden Häuserspekulanten, welche von dem Drucke und Unglücke ihrer Nebenmenschen sich bereichern, zu weit um sich greifende Maßnahmen gepflogen und so das Vertrauen der Blutsauger verloren hatte, trieb er auf eigene Faust den Kleinhandel mit so merkantilischer Geschicklichkeit, daß er bald seine eigenen Habseligkeiten auch verschacherte. Nun kam der Credit an die Reihe, und es war bald keine Straße der Stadt, in welcher nicht ein Schuhmacher, ein Schneider, ein Hutmacher, ein Juwelier, ein Uhrmacher oder dergleichen wohnte, welchem August sehr verbindlich war. Die Freundschaft der Geschäftsleute dauert in der Regel nicht länger, als die Zahlungsfähigkeit der Kundschaften, und so hatte August bald eben so viele Feinde, als er uneingelöste Ehrenworte hatte.

Der Credit war erschöpft und August's Casse war bald in ziemlich nackigem Zustande. In solchem lernte er Urschi kennen, und mit seinen galanten Manieren und zierlichen Wendungen gelang es ihm, die besten Eindrücke zu machen. —

Nach vierundzwanzig Stunden war August der erklärte Liebhaber Urschi's und hatte nur zu erklären, daß er gegen die Liebeserklärungen anderer Herren eine Gegenerklärung nicht machen dürfe, was August um so lieber that, als er es ja nicht auf das Herz, sondern auf das vollgestopfte Portemonnaies seiner Dulcinea abgesehen hatte, dessen gewichtigen Umfang er aber, wie er wohl wußte, nur durch große Kundschaft und Vertrauen der Herren in die Waaren Urschi's erhalten konnte. Urschi führte nämlich ein offenes Geschäft mit von Herren gerne gesuchten Artikeln.

Das innige, neue Verhältniß gehörig zu taufen und einzuweihen, wurde beschlossen, zwei Tage später, nämlich am Pfingstsamstage, eine Landpartie anzutreten, um in breitägiger Sommerfrische in dem kühlen Schatten des Waldes der freien Natur auch der Natur den freien Lauf zu lassen und dann in idyllischer Kneipe am See die materiellen Wünsche des Magens in Fülle zu befriedigen.

Der über diese Landpartie hocherfreute August meinte jedoch eine trübe Miene zeigen zu müſſen, indem er bedauerte,
geſtern einen großen Spielverluſt erlitten zu haben und ſeinen
Wechſel erſt in 14 Tagen produziren zu können, da er keine
Stunde früher fällig werde. Schulden zu machen ſei ihm aber
ſo verhaßt, daß er nun, nothwendig dazu gezwungen, hiedurch
bitter berührt ſei und der herrlichen Partie doch ſo mancher
Reiz genommen werde. Urſchi wußte aber ihrem Auguſt über
dieſe Kleinigkeit, wie ſie es nannte, mit beredtem Munde hin-
überzuhelfen, und als der erſehnte Morgen kam, reichte ſie dem
Glücklichen ihre volle Börſe dar. —

Eine Stunde ſpäter führte das Dampfroß die Luſtigen
bis zu einem Dorfe am See. Hier wurde ausgeſtiegen, über
das Waſſer gerudert und am jenſeitigen Ufer ein ſchöner Wald-
weg nach einem $1\frac{1}{2}$ Stunde ferne gelegenen, gerühmten Gaſt-
hauſe eingeſchlagen. Mit der Unterhaltung der Liebenden im
Walde, wie ſie Maiglöckchen pflückten und Schwammerling
ſuchten, wollen wir unſere Leſer nicht beläſtigen, und wir er-
wähnen nur, daß ſie ziemlich ermüdet und erſchöpft, hungrig
und durſtig in dem Landwirthshauſe ankamen, das zum erſten
Mittagsmahle auserkoren war. Es war bereits 1 Uhr vorüber
und doch dufteten ſchon eine Stunde ſpäter die ſpießgebratenen
Hühner auf dem weißgedeckten Tiſche, und in voller Wohlluſt
und Begierde fielen die wieder neu auflebenden Glücklichen über
die Opfer her.

    Doch mit des Geſchickes Mächten
    Iſt kein ewiger Bund zu flechten
    Und das Unglück ſchreitet ſchnell.

Als nach den ſüßen Tafelgenüſſen Auguſt bezahlen wollte,
bemerkte er den Verluſt ſeines Portemonnaies und theilte dieſen
Urſchi mit, welche zwar ſogleich erklärte, daß dieſer beim
Schwamerlingſuchen eingetreten ſein müſſe, aber natürlich weder
Ort, noch Stelle zu bezeichnen wußte, da von den Wald-
plätzchen ſo ziemlich Eines dem Andern gleich ſieht.

August beſchloß nun, Urſchi vorangehen zu laſſen, als ob
ſie ſich das Dorf beſehen wolle und dann durchzubrennen.

Dieses gelang zwar und sie trafen sich richtig am Eingange des Waldes, — allein auf dem ganzen Rückwege fanden sie keine Spur des Verlornen, wohl aber überschüttete sie schon in der Mitte, her unter den Bäumen nicht vorausgesehene wolkenbruchähnliche Regenguß. Zum Unglücke kam nun auch noch das Pech, daß am Ufer kein Schiffer stand, welchen man am Ende statt mit Geld mit einem Messer, das August besaß, — nach der Ueberfahrt — bezahlt hätte. Es blieb nun nichts übrig, als unter'm heftigsten Regen über zwei Stunden um den See zu laufen, um an die Eisenbahnstation zu gelangen und von dort in die Stadt zurück zu kehren.

Eine ehemalige Collegin Urschi's, welche in einem der Gasthäuser diente, welche sich in dem Orte der Eisenbahnstation befinden, borgte, gerührt von der Liebenden Ungemach, das erforderliche Reisegeld, und den durchnäßten Passagieren fehlte auf der Heimfahrt auch das übliche Fieber nicht, so daß am andern Tage Beide das Bett zu hüten hatten.

Urschi meint nun, es sei doch besser, wenn immer Zwei Geld haben, und seit dieser Meinung ist August wieder frei. — Mädchen! rührt Euch!

—»✳«—

Telegramme.

London. Das englische Kabinet hat beschlossen, auf Vorrath weitere 6 Ellen Narrenseil drehen zu lassen, um andere Regierungen gelegentlich leiten zu können.

———

Paris. Kaiser Napoleon hat eine 3 Meter lange, äußerst feine Rheingrenze=Sonde anfertigen lassen.

———

Berlin. Preußen hat allen Kabineten und Kammern gegenüber nun erst recht freie Hand.

———

Wien. Oestreich ist bereit, in allen politischen Fragen mit allen Mächten Hand in Hand zu gehen, wenn die Mächte — nichts thun.

———

Rom. Die päpstliche Curie hat im Interesse der geistlichen Zucht beschlossen, künftig jeder Nuntiatur einen Badergesellen beizugeben.

Petersburg. Der Kaiser Alexander II. hat befohlen, das Verbrennen der Wälder in Polen sofort einzustellen, da die Insurgenten seinen Soldaten ohnehin warm genug machen.

Athen. Die National-Versammlung hat beschlossen, falls der Prinz von Glücksburg die griechische Krone auch ausschlägt, diese ausläuten zu lassen. Der Titel des sodannigen griechischen Monarchen hieße dann „Schellenkönig!"

Preisfragen.

Wenn Oestreich Polens Autonomie aber ohne selbstständige Regierung und Armee — will, wie viel russische Soldaten aus dem Königreich Polen, die am Kaukasus oder sonst wo verhungern, werden eine Dankadresse an den Kaiser Franz Joseph unterzeichnen?

Wenn der Aufstand in Polen mit obligatem russischen Schänden, Morden und Brennen fortdauert, und die Diplomatie mit der Geschwindigkeit des deutschen Bundes die polnische Frage löst, wie viele Polen werden dann die Befreiung ihres Vaterlandes erleben?

Wenn in der heiligen Schrift geschrieben steht: „Du sollst dem dreschenden Ochsen das Maul nicht zubinden," wie viele percent dürfen dann die Herren vom Rathe an einer zur Theilung an Kleine bestimmten Summe vorweg für sich behalten?

Wenn die Mama und Frl. Töchter spazieren gehen und die seidenen Kleider fußbreit im Kothe nachziehen, wie viel ganze Hemden hat dann die Familie?

Wenn nach gemeinem Rechte bei Diebstahl und anderen Verbrechen Complott ein erschwerender Umstand ist, was ist dann die Vereinigung z. B. eines Künstlers mit einem Recensenten, um das zahlende Publikum mit falschen Berichten zu hintergehen?

Wenn ein wahrer Künstler binnen 2 Jahren an Beliebtheit verliert, dagegen ein Hausrock in derselben Zeit an Beliebtheit gewinnt, aus welchem Stoffe sind dann die Urtheiler?

Wenn ein Land von 18 Millionen Einwohner noch einmal so viel Soldaten stellen kann, als ein Volk von 40 Millionen, wie viel Illusions-Bataillone treffen dann auf 1 Loth Junkerhirn?

Wenn der liebe Gott zur Erschaffung der ganzen Welt sieben Tage brauchte, wie viele Jahre muß man dann seine Kinder in die Volksgesangsschule schicken, bis sie die sieben Töne wissen?

Offiziöse Nachrichten.

= **Athen.** Bei uns ist eine sehr schöne Gegend.

† **Rom.** Antonelli geht täglich mit dem „rothen Adler" spazieren.

** **Berlin.** Bismark soll als Candidat der griechischen Krone aufgetreten sein; er wartet nur, bis Einer abgereist wird.

Paris. Napoleon hat an Deutschland viel Spaß.

†* **Hessen.** Unser durchlauchtigster Churfürst hat dem König Wilhelm einen Kassler-Kuchen zum Geschenke gemacht.

** W i e n. Bei uns werden die Journalisten fleißig verurtheilt und eingesperrt. Manche unserer hohen Bureaukraten thun bismarkeln. —

†† T h r o l. Professor W i l d a u e r arbeitet an einer Novelle, genannt „D i e S c h m e r z e n s k i n d e r". Das Lese=Publikum bezahlt das Schmerzengeld.

** N ü r n b e r g. Wir wären sehr geneigt, wieder Einen aufzuhängen, wenn wir ihn nur schon hätten.

†† R u ß l a n d. Wir drucken noch immer an der Unter=drückung der Polen.

* * *

Warum? — Weil.

W a r u m hat München keine Feuerwehr, wie Augsburg, Nürnberg und viele andere Städte?

W e i l — wir Münchner sind.

W a r u m kann in München kein f r e i s i n n i g e s Blatt gute Geschäfte machen, wie zum Beispiel in Augsburg und Nürnberg?

W e i l — wir Münchner sind.

W a r u m kommen wir in allen Dingen, wo es sich um Fortschritt handelt, hinten nach, wie die Marodeurs?

W e i l — wir Münchner sind.

W a r u m lauft Jedermann mit den kleinsten Anzeigen zu den „N a c h r i c h t e n", wo man die kleinen Dinger von Anoncen gar nicht findet?

W e i l — wir Münchner sind.

W a r u m ist die Beaufsichtigung der Kinder auf der Straße und Gasse so lüderlich und warum hat München keine K i n d e r g ä r t e n wie in andern großen Städten?

W e i l — wir Münchner sind.

W a r u m vereinigen sich in München nicht alle Gegner des unmoralischen Impfzwanges zu einer Petition an die bevor=stehende Kammer der Abgeordneten?

W e i l — wir Münchner sind.

(In Abwesenheit von Fr. X. Weithmann.)
Verantwortlicher Redacteur: J. B. Bauoni.
Druck der J. Deschler'schen Buchdruckerei.

Münchener Schalk.

(Sonntags-Beilage zum „Volksfreund".)

III. Jahrgang. **Nr. 24.** **14. Juni 1863.**

Natürliche Alliance.

Oesterreich, das Land, das große
　Hat so viele Schaf im Land,
Als es gibt in Bayern Schäfer,
　Dieser Witz ist längst bekannt;
Deßhalb weiß man dort zu lehren
　Und zu lernen, — Wolle scheeren.

Ja, die Wolle spielt die Rolle
　Jetzt im Land der Industrie,
Ob vom Schafe, ob vom Baume,
　In dem Endzweck irrt man nie,
Sie gibt heutzutag Billance
　In natürlicher Alliance.

Telegramme.

Frankfurt. Der deutsche Bund hat die Anträge, in der Schleswig-Holstein'schen Sache etwas zu thun, abgelehnt und beschlossen, gegen Dänemark eine Faust zu machen.

————

Kopenhagen. Da Hoffnung vorhanden ist, daß der deutsche Bund eine nochmalige Exekution gegen Dänemark gar nicht mehr erlebt, so wurde der dänische Gesandte in Frankfurt angewiesen, wenn die Holnstein'sche Sache berathen wird — die Achseln zu zucken.

————

Berlin. Hr. v. Bismark hat dem Churfürsten von Hessen zu wissen gemacht, daß Preußen der übermäßig freisinnigen Regierungsweise im Churstaate entschieden entgegentreten muß.

————

Paris. Die Häuser Viere cke in Puebla sind dem Kaiser Napoleon zu rund.

————

Großdeutschland. Der Reformverein hat beschlossen, dem deutschen Michl eine neue Schlafhaube machen zu lassen.

————

Kleindeutschland. Der National-Verein schaut aus — wie eine getaufte Maus.

————

Aus Bayern. Die P. P. Retemptoristen fahren fort, dem Landvolke Missionen und Sittenpredigten zu halten. Ein Mädchen, das drei solche Vorträge angehört hat, ist mit allen Wassern gewaschen.

————

München. Die General-Direktion der kgl. Verkehrs-Anstalten hat beschlossen, sich von dem Publikum, welches am Pfingsttag in Starnberg 3 Stunden in den Waggons warten und dann noch 2 Stunden fahren durfte, nichts nachbezahlen zu lassen.

————

— Die Baber beabsichtigen Hrn. Gonella einen Ehrenbart zu verehren.

————

— Zuerst hat Alles seine Kerzen v e r brennt, dann ist er d u r ch gebrennt, und nachher haben sich seine Gläubiger g e brennt.

————

Rom. Es herrscht hier die Ansicht, daß die geistliche Macht und die Baber sich viel besser stehen würden, wenn die Männer weniger Hirn, dagegen aber mehr Haare hätten.

————

— Die Noth wird immer größer. Bisher hatte man nur die S ch a f e geschoren, jetzt scheert man auch die H i r t e n.

————

— Der Jesuiten-General hat in Bezug auf das päpstliche Bartverbot angeordnet, die Väter sollen auch die Laien so viel wie möglich barbieren, jedoch über den Löffel.

———»⚬«———

Frage an Fachmänner.

Wie gelehrt müßten die Kinder, welche die hiesigen doppelt übersetzten und deßhalb unzweckmäßigen Volksschulen besuchen müssen, werden, wenn man die Vakanztage in Schultage und die Schultage in Vakanztage umwandeln würde?

———⚬———

Zwei Portraits von Weltmenschen.

Gelder hat Er aufgeschichtet,
   Er ist mehr als Millionär,
Die Er hat zu Grund gerichtet,
   Machten seine Casse schwer.

Und wenn Er von Unglück höret,
   Ach! wie weint Er da so leicht,
Weil die Seele ausgetrocknet,
   Wird Ihm nun das Auge feucht.

Liebe hat in Lenzes Tagen
   Bis zum Herbste Ihr gelacht,
Liebe hat Ihr Geld getragen
   Statt, — wie Viele, — arm gemacht.

Hört Sie jetzt von einem Mädchen,
   Das vom Unglück rasch erreicht,
Weil die Seele ausgetrocknet,
   Wird Ihr dann das Auge feucht.

Doch weil Beide jetzo herrschen,
   Zwingt zur Ehe sie zur Stell,
Denn der Schurke g'hört zur Schurkin,
   Wie der Teufel zu der Höll.

Begegnung.

Niggl: „Izt hab' i wieder von einigen Familien, die hieher wollen, Commission kriegt, Wohnungen zu stiften, und so viel als ausgeschrieben sind, wenn man hinkommt, sind sie besetzt."

Nuggl: „„Da müssen's die Neuesten Nachrichten studiren, da finden's gleich raus, wenn sie's aufschreiben, daß immer dieselben Häuser sind, in denen Jahr aus, Jahr ein Wohnungen zu haben sind.°"

Niggl: „Sagen's mir doch nur grad a einzigs, die Leutl'n können ja nachher gleich wieder auszieh'n."

Nuggl: „„I laß nächsten a so a Zusammenstellung von all' dene Häuser drucken, und vor der Hand gengas a Mal in die Schellingstraße Nr. 20, da sind wieder alle Wohnungen im ganzen Haus ausg'schrieben, groß und klein.""

Preisfragen.

*** Wenn ein großes Volk sich von einzelnen Machthabern fortgesetzt in das Gesicht schlagen und von einem benachbarten Zwerg Fußtritte geben läßt, wie viel von der wohlverdienten Verachtung der ganzen Welt trifft auf den einzelnen Mann?

*** Wenn am Isar=Bierstrande eine Bavaria unter der Devise: „Ich will Frieden haben mit meinem Volke!" frohen Antlitzes hernieder schaut, wie viel Klafter lang und breit müßte das Tuch sein, mit dem eine Borussia am Schnaps=strande der Spree ihre Schamröthe bedecken könnte?

*** Wenn die Kirchenväter und Apostel Bärte trugen, dieses aber unseren Bischöfen und Priestern verboten ist, wohl deßhalb, weil letztere den ersteren nicht mehr gleichen, wie viel neue Demuth trifft dann auf ein altes Barthaar?

*** Wenn der päpstliche Nuntius in Rücksicht auf die Gewerbefreiheit den Geistlichen den Bart scheeren läßt, in wie viel Wochen müssen dann im Interesse der Schneider die geistlichen Talare und Kutten dem modernen Rock weichen?

*** Wenn die artesischen Brunnen in Algier die Araber den Franzosen dankbar machten, welche Wirkungen müßten dann einige öffentliche Brunnen in den Wüsten-Strecken des Sendlingerthor-, Karls- und Dultplatzes auf die Münchener haben?

*** Wenn die Trottoire-Schutzsteine an den Strassenkreuzungen mitten in dem Fußweg stehen, wie viel Zoll dick ist dann die Hirnhaut des betreffenden Pflasterer-Meisters?

*** Wenn Morgens eine Dame in sehr anständiger Hausjacke und Unterrock überrascht wird und schreiend davon läuft, dagegen Abends halbnackt auf einem Ball erscheint, wie viel Schminke braucht sie dann, um noch roth zu werden?

*** Wenn ein Künstler einem Kritiker 50 fl. in Banknoten franco schickt und hiefür einen Lobartikel von 1 Pfund Druckerschwärze erhält, wie viel Druckerschwärze würde dieser Kritikus verwenden müssen, um eine unfrankirte Sendung von 100 fl. in Sechsern zu verdienen?

Der Schneider- und der Schusterbub.

Pantoffelhanserl: Herr Jesges! grüß dich Gott Zwirnpeterl! hab dich schon lang nicht mehr g'seh'n, wo steckst denn allawei?

Zwirnpeterl: Jetzt leb ich immer auf der Bruck,

Wie der hl. Johannes von Nepomuck.

Schau jetzt geht meine Lehrzeit zu End' und „da mußt ja

doch a bißl ein'n Begriff kriegen von der edlen Schneider=
wissenschaft" sagt der Masta, — und i sag: „i könnt' mich
eher als Kindsmensch verdinga, als einen Schneiberg'sell'n vor=
stellen, den in den 4 Lehrjahren hab ich blos Kinder gewartet,
Bier und Würsteln geholt, Wasser tragen, abg'spühlt, ausge=
putzt, Kindswäsch' g'waschen und b' Sach' g'holt. Aber Masterin
hab i a auf'n Zug, di schlagt mi eppas rum, und die kranken
4 Bampsen, wenn nur diese Engerl im Himmel wären, ich
verlang't sie in Ewigkeit nimmer zu sehen.

Pantoffelhauserl: Was fehlt ihnen denn, deinen
Rangen?

Zwirnpeterl: Von Geburt her wärens schon recht
g'wes'n, aber seit dem Impfen her sind's lauter so g'schmerzte
Dürftling. Rinnaugen, wehe Köpf', voll Halsg'schwür', o!
graußli sind's. Seit 3 Wochen hat's jetzt der neue Lehrbub,
der Fleckl Alisi, der is schon zweimal darong'laufen. Er sagt
halt, er kanns unmöglich aushalten, aber woaßt der Seewaxl *)
hat ihn zur Erkenntniß seiner Pflichten gebracht, ich habe ihn
mir auch genug verkostet.

Pantoffelhauserl: Aber warum läßt man denn impfen?
meine Eltern waren große kerngesunde Leute und sind's Gott
sei Dank noch, aber die Narben, die ich am Backen und am
Halse habe, sind erst nach dem Impfen gekommen. Ich ver=
stehe es nicht, mein Vater hat immer über's Impfen g'schimpft,
ich glaub's schon selber, daß es eine Dummheit ist.

Zwirnpeterl: Ja, da sag' a Wort der Masterin,
dann hast gleich a Paar Original=Dachteln auf'n Schebl. Die
hängt an ihrem Doktor, wie a Hecht an der Angel, was der
sagt, ist Evangeli, und der Glauben schreibt sich noch vom
Doktor seine Universitätsjahr her.

Pantoffelhauserl: Auf'n Glaub'n kommt Alles an,
weißt, wie es im hohen Lied von Herrn von Schiller heißt?
Ich will dir's sagen:

---

*) Seewarl ist ein dünnes langes Messingkettl mit Leder überzogen,
welches auf dem Rücken die Breite ausmißt.

„Der Pfarrer macht Predigt,

„Der Metzger macht b' Wurst,

„Der Glauben macht selig

„Und der Häring macht Durst."

Glaub' mir's, das sind vier Lebenswahrheiten, und was das Impfen betrifft, so ist halt so viel wahr b'ran, daß viele militär-untauglich werden, aber auch für ihr Leben Siechen und Knirpse bleiben. Jetzt pfütt' dich Gott! sonst könnt'n meiner Masterin bei meinem Heimkommen ihre Phantasien meine impertinent blonden Apollolocken plagen, und mein Paroterl frisiren, wenn i z' lang ausbleib und das ist koan G'schpaß nimmer, wenn einer diese zaußt, sie ist verdammt unanjenehm, von jeher jewesen. — Ade, Peterl!

Zwirnpeterl: Viel Glück Hanserl.

Reflexionen.

Alte, mach' b' Läden zu!

Der deutsche Michl.

Wegen der Schwindlerei und Durchbrennerei verbitte ich mir jede üble Nachrede.

Die Gewerbefreiheit.

Wenn unser Hergott den Männern nur deßhalb hätte einen Bart wachsen lassen, damit sie sich denselben wieder wegputzen, so hätte er sicher auch Rasstermesser wachsen lassen.

Ein Bewunderer der Schöpfung.

Von mir aus kann der Bischof den Bart haben, wenn er mir nur mei' Annamiebl nicht verbietet.

Ein Landpfarrer.

(In Abwesenheit von Fr. X. Weithmann.)

Verantwortlicher Redacteur: J. B. Banoni.

Druck der J. Deschler'schen Buchdruckerei.

Münchener Schalk.

(Sonntags-Beilage zum „Volksfreund".)

III. Jahrgang.   **Nr. 25.**   21. Juni 1863.

Brod- und Fleisch-Neid.

Nudelmüllerin: „Jetzt schau doch a Mal, Anna, was die banquerotte Händlerin da plötzlich für einen Stolz kriegt hat, weil gestern a Landstand ihren Salon gestiftet hat wo kein ganzer Stuhl mehr drinn ist."

Anna: „„Aber Mama, vielleicht ist er ledig und hat wegen ihrer Tochter — — — — —""

Nudelmüllerin: „Bist stat, du Gans du dumme, meinst, a Landstand wird so an Dultstand mögen, in dem schon a paar hundert Mal zu herabgesetzten Preisen ausverkauft worden ist."

Anna: „„Nun, wenn er sie nur nicht heirathet.""

Nudelmüllerin: „I glaub' gar, du wärst ihr neidig drum, möcht'st g'wiß a an Landstand? Du, dös Mal is a kitzliche. Sach' um an Landstand."

Anna: „„Ach Mama! so recht kitzlich, das wär' mir ja gerade recht!""

Preisfragen.

Wenn die Diplomatie in hoher Staatsweisheit alle politischen Fragen so löst, daß aus Einer Zehn werden, in welcher sympathetischen Beziehung stehen dann diese Herrn mit den Vorstehern des Staatsrechnungswesens?

―――――

Wenn eine Mutter ihre Töchter unter die Haube bringen will, und selbe zu dem Zwecke in mächtige Krinolinen steckt und eine Menge Tand darüber hängt, wie groß muß da ein Stockfisch sein, um an einen solchen Köder anzubeißen?

―――――

Wenn ein Beamter mit 1000 fl. Gehalt sammt Frau und 3 Töchtern festliche Promenade macht, wie viel Monate von seinem Jahresgehalte tragen sie auf dem Leibe?

―――――

Wenn das Expropriationsgesetz bei Grunderwerbungen für Eisenbahnen nicht immer, dagegen bei Luxusstraßen stets Anwendung findet, wo holt dann der Bartel den Most?

―――――

Wenn Leute, die auf offener Landstraße den Reisenden zurufen: „Die Börse oder das Leben!" zwei Ellen gedrehten Hanf erhalten, wie viel solchen Zeuges verdient dann ein Feigling, der vom warmen Ofen weg dem strebsamen Künstler zuruft: „Deinen Verdienst her oder deinen Ruf!!?"

―――――

Wenn in Deutschland die beste deutsche Sängerin als Fräulein Bärtlein 2000 fl. Gage, als Signora Barbino aber 10,000 fl. angeboten erhält, wie viel kostet der deutschen Gemüthlichkeit der Buchstabe von dieser Uebersetzung?

Offiziöse Nachrichten.

\# **Athen.** Mich bedauert nur der Bua. Franzl.

= Berlin. Ein hiesiger Gewerbsmann nannte einen seiner Arbeiter einen Bismark, und wurde derselbe zum Widerruf und zu 14 tägigem geschärftem Gefängniß verurtheilt. Ein Beweis, wie milde unser Strafverfahren heutzutage zu Werke geht.

---

† Köln. Bei uns ist ein großartiger Wallfahrts- und Bittgang beantragt, um beim Himmel für ihn eine baldige Auflösung zu erflehen.

** Paris. Napoleon III. lacht den ganzen Tag und besonders belustigen ihn die Glückwünsche der deutschen Großmächte. Er soll gesagt haben: „Das deutsche Michel ist ein sehr braver Garçon, ich werd' ihm bald eine Besuch machen."

---

†* Rom. Bei uns sind bereits große Transporte von Barthaaren über München angelangt. Sie werden zu Roßhaar-Matratzen verwendet unter dem Namen Gonellerln.

---

* Hessen. Uns ist so kannibalisch wohl, wie hunderttausend Bismarken. —

\# **Polen.** Wir verlaßen uns auf die Deutschen, besonders auf die Redensarten der Fortschritts-Partei, und wenn wir so lange aushalten, bis von den Deutschen Hilfe kommt, dann halten wir's noch länger aus, als es nothwendig ist.

---

*→ Thyrol. Wenn nur der Sakara-Bismark zu uns kam, den thaten wir auf seine Kniescheiben puffen, daß nur a Freud' war.

---

††† Wien. Das Sopherl laßt no net aus und macht noch alleweil gute Arbeit — im Weinberg des Herrn.

= † Schloß Babel. Man beabsichtiget, hier einen Babilonischen Thurm zu bauen. Die Grundsteine sind bereits in Berlin fix und fertig.

Telegramme.

✕ Berlin. Sämmtliche Fußbekleidungs-Reiniger Berlins haben Hr. v. Bismark ihre Dienste angeboten, wenn er gewixt sein will.

---

† Trient. Hr. v. Bismark & Consorten haben dem hiesigen Bischof auf seinen letzten Hirtenbrief geantwortet, sie hätten zwar zu Luthers Zeiten noch nicht gelebt, seien aber auch solche — Lutheraner.

** Turin. Viktor Emanuel glaubt, daß Rom eine sehr schöne Stadt ist. Napoleon meint, Genua sei auch nicht übel.

☉ Riegelsdorf. Der Gemeindevorsteher hat den Bauern erläutert, daß der König von Preußen, wenn er nun deutscher Kaiser wird, dem Bismark die alte Würde des Reichsbruchs-Esels verleiht.

¶ Gegen die Verfertiger des berüchtigten Kammerpräsidenten-Hutes ist eine Untersuchung eingeleitet worden.

Aufmunterung.

Mutter: Geh zua, Matthisl, woan net, schau, i weiß scho, daß besser is, wenn ma sich heut zu Tag recht schmutzig zeigt, aber g'schau, deine Füß sind doch zu drecki.

Matthisl: Na Mutter, na i geh net ins Wasser.

Mutter: Schau, is ja blos a Schaffl voll, kannst net ertrinka, brauchst ja net in Bach naus z'geh'n.

Matthisl: Na Mutter, i geh net ins Wasser.

Mutter: Aber alle Teufel, itzt hab i gnua, scham di, schau bei Schwester an; is a Madl, is sechzehn Jahr alt und geht in's Wasser, daß a Freud is.

Matthisl: Ja Mutta, i bin erst 14, wenn i 16 bin, geh i a, bös versprich i Dir.

Mutter: Itzt schauts den Lakl an, weil er 14 is, so a Bisl is dein Schwester mit 14 a schon neinganga.

— »✳«

Reflexionen.

Herrgott, ich kann doch nicht überall zu gleicher Zeit sein!

Der russische Eine Todte.

Wenn's nur in Allah's Namen in Polen nicht ausging, so hätt' doch ich eine Ruh'.

Der kranke Mann.

Wenn jetzt die Piemontesen kämen, wir thäten nicht mehr schnattern.

Die Gänse des Capitols.

Himmel tausend Schock Donnerwetter: den Pulverkarren in den Dr— gefahren.

Der große Kanonier.

Wenn man nun einmal der Erste nicht mehr sein kann, muß man sich dann auf die Eselsbank setzen?

Friedrich Wilhelm I.

Wir bitten die Väter der Stadt, mit der Pflasterung der Straßen à la Schäfflergasse fortzufahren.

Die Fussgänger.

Wir bitten die Lenker unseres Stadtwesens dringend, mit der Pflasterung der Straßen inne zu halten, wir können's nicht erschwingen.

Die Wohnungsmiether.

Es wäre Dir besser, Du wärest konstitutionell der Vierte als absolut — der Letzte!

Die Nemesis.

Wir müssen in unserem Interesse dahin wirken, daß allenthalben sehr gutes Straßenpflaster hergestellt wird, denn wenn wir als Adjacenten 50 fl. beisteuern, steigern wir die Hausmiethe um 200 fl.

Die sehr ehrenwerthen Häuserbesitzer.

– –

Man muß staunen, was die Augsburger-Allgemeine für ein mörderisches Blatt ist. Da geben die Franzosen in Puebla einen ganz schönen Gesammt-Verlust von circa 1000 Mann an, dieses Blatt aber 7000, es hat also 6000 Franzosen aufgeschnitten. Das ist kanibalisch!

Ein Menschenfreund.

Meister Gradaus und Geselle Vorwärts.

Meister: „Gern thät' ich auch ein Mal a paar Hundert Gulden an ein gut's Werk setzen."

Geselle: „„Wissen's was, Meister, kaufen's 'n Sintzl sein Raspapier ab.""

———

Geselle: „No, Moaster, itzt wird der Herr Sekretair und der Herr Kanzlist und vielleicht a der Herr Offiziant ihre Rechnungen bald ganz zahlen können, itzt kommt sicher **a gerechte** Aufbesserung in die Kammer."

Meister: „„Mein Gott, mi bedauern die armen Teufel, die
haben 50 fl. 's ganz' Jahr kriegt und die Hohen, die
so scho g'nug hab'n, a so viel alle Monat, und der
Unterschied in die Kenntniß ist heut zu Tag a so groß
nimmer°"

Geselle: „Ja, itzt wird's scho besser, der Referent is alle
Tag', vor er in's Bureau geht, auf'm Markt und feilscht
net blos Hühner und Fasanen für sich, sondern auch die
Kartoffel, den Topfen und 's grüne Zeug für die Kleinbeamten an. da wird er dann schon bald selbst ein-
sehen, daß nimmer z'leb'n ist, wo a Mezaninloch a no
200 fl. kost'."

Meister: „„Wie heißt denn dieser edle Mann?""

Geselle: „Dös weiß i net, aber wenn nur ein schön'res
Morgenroth kommt für die Kleinbeamten, das ist die
Hauptsach.'"

Meister: „„Morgenroth? — Kerl, du wirst poetisch! —""

———— ••••• ————

Impromptu.

Mit der Gasbeleuchtungsfrage
   Wär die Sache nun zu End';
Doch es frägt sich, ob nicht ärger
   Stinkt das Gas und schlechter brennt.
Was ihr Alles erst erseht,
   Wenn Mondschein im Kalender steht.

(In Abwesenheit von Fr. X. Weithmann.)
Verantwortlicher Redacteur: J. B. Banoni.
Druck der J. Oeschler'schen Buchdruckerei.

Münchener Schalk.

(Sonntags-Beilage zum „Volksfreund".)

III. Jahrgang.   Nr. 26.   28. Juni 1863.

Deutscher Reichskaminkehrermeister
und
Deutsche Reichshausmeisterin.

Sie: „Lieber Meister! schauen Sie doch recht nach. In dem deutschen Reichs- und Bundes-Palast herrscht ein solcher Qualm, daß man's nicht mehr aushalten kann, es hat gar keinen Zug mehr?"

Er: „„Ich begreif's nicht, daß es da so rußig 'runter geht; man hat gar keine Aussicht mehr, und hört man doch nie Was, als ob's hier so warm zuging', oder als ob jemals ein rechtes Feuer hereinkäm'?""

Sie: „Ja wissen Sie, daherin wird halt schrecklich viel — **geschwefelt!**"

Ein neuer Pfalter.

(In exitu Israel etc.)

Auszug des Volksfreundes aus dem Oberhause, — des Gerechten von der barbarischen Wirthschaft.

Die „Liberalen" haben ihn mit schönen Worten gespeiset, Israel aber hat ihm die Bruderhand gereicht.

Die Donau sah ihn und trug ihn hinüber, Ilz und Inn wären vor Freuden bald närrisch geworden.

Im bayerischen Walde tanzten die Holzschlegel, und die herumliegenden Hügel machten ein Schafsgesicht.

„Ach! — seufzte Mancher, — warum ist er nicht in der Donau ersoffen? Dann hätten Ilz und Inn Ursache gehabt, närrisch zu werden!"

„Dann wären ihm die Holzschlegel des bayerischen Waldes mit der Leiche gegangen, und seine Schafsköpfe allzumal!" —

Bewahre uns Gott vor dem Oberhause, wenn 's den Herren Staatsanwälten recht ist.

Aber Wer kann den Stein zu Thränen rühren? diese Arbeit wär' mir zu ruppig!

Unsereiner hat nur das Maul zu halten; denn — allen Respekt vor der Justiz!

Wer wird denn da noch ein Mitleid suchen, wenn 's heißt: der Kerl ist keiner Gnade werth.

Der Hergott des Oberhauses aber — der ist der Profos Schreyer; omnia, quaecunque voluit, fecit *).

Bringt Einer nur brav Geld und Banknoten mit, — da geht das Ding ganz gut.

Bei einem Andern heißt's: „'s Maul halten! Oder auf 3 Tage in den Thurm!" —

***

*) Anmerkung des Setzers. Diese Stelle dürfte so zu übersetzen sein: „Heutzutage will Alles fliegen, selbst die Ferse."

Lange Ohren gibt's überall, und der Münchener Schalk hat seine Nase in Allem.

Aber wenn er sich auch mit Händen und Füßen wehrt, und wenn er schreit, wie ein Jochgeier:

Andre scheeren sich den Teufel drum, und von der Luft lebt Niemand.

Darum heißt's jetzt, fleißig abonniren! oder ich suche mir einen andern Protektor, als das „Volk".

Abonniret, Juden und Christen! damit Was eingeht!

Fürchtet Gott und scheniert euch nicht; bezahlt nur eure vierzig Kreuzer.

Dann kann man auch einen ordentlichen Witz machen; und wenn er nicht gut ist, so ist er doch schlecht.

Ich mache keinen Unterschied zwischem dem Gelde des Fortschritts und der Reaktion: außer es abonnirt Einer gleich für Tausend.

Meinetwegen könnt Ihr auch den Herrn Omnibus halten: aber zuerst heißt's: „Volksfreund!"

Legt ihn auf in den Cafehäusern, haltet ihn in den Familien!

Abonniret, ihr Wein= und Bierwirthe, in den Städten wie auf dem Lande!

Denn wenn wir auch allen Respekt vor dem Himmel haben, vorläufig leben wir vom Essen und Trinken.

Wenn Ihr aber einmal gestorben seid, dann leset Ihr keinen „Münchener Schalk" mehr!

Darum, so lange Ihr noch lebet, abonniret von Quartal zu Quartal!

Der Pfalmist

des „Münchener Schalk".

Jakob: „Nu, Abraham! haſt du aach e Lieferung für Griechenland? Zeig e mal! Gottswunder! Der Herme-
lin iſt bös zuſammengeflickt!"

Abraham: „„Nu, ſoll ma mache das Zeug ſo ſchön und
ſo gut? Wiſſe mer ja doch, daß es nicht wird gemacht
— für die Ewigkeit!""

Jakob: „Haſt recht! haſt ganz recht, meiner Seel! hat mich
aach ſcho gereut, daß ich hab gemacht dem Berliner
ſo e gute Kron; weiß Gott! **Der nützt ſe doch
nimmer ab.**"

Abraham: „„Jakob, Jakob! Ich glab, **die iſt ſcho
genug abgenützt!**""

Preisfragen.

Wenn die ruſſiſchen Sieges-**Enten** alle gebraten würden:
wie viele träfen auf jeden Mann des Inſurgenten-Heeres
per Tag?

Wenn die Trottoirs in München, beſonders jene vor
dem Karlsthore, den Fiakern gehören: in welcher Haus-Nummer
wohnt dann die Straßenpolizei?

Ist es als keine Standes- und Ranges-Beeinträchtigung anzusehen, wenn Fiaker- und Bräuwagen-Knechte in der Haupt-, Residenz- und Kunst-Stadt ärger mit den Peitschen knallen, als wie die Sauhirten in einem Bauerndorfe?

Wenn die Kammern zur geschehenen Gehalts-Aufbesserung eben so wenig sagen, wie der deutsche Michel zu den Zuständen Schleswig-Holsteins, was kriegen dann die Kleinbeamten auf eine eventuelle Eingabe *)?

Wenn ein Bräuer durch sein schlechtes Bier es dahin bringt, daß jedes Jahr ein Wirth von ihm auf die Gant kommt: wie lange steht es an, bis er der Besitzer einer halben Vorstadt wird?

---

*) (Antwort: „Eine Nase!"   Der Setzer.)

———◆———

Heinz und Murrner.

Heinz: „Ei, Murrner! auch wieder hier? Was ich hörte, warst du ja auf Reisen? Wo hat dich denn der Wind hingeführt?"

Murrner: „„Ich war im Oberhaus, weil ich hörte, daß man die Leute zur Erholung in diese schöne Gegend schickt.""

Heinz: „Nu, du bist wahrhaftig nicht fetter geworden."

Murrner: „„Hast du schon einmal gehört, daß Einer **vom schlechten Fressen und Hungerleiden — fetter wird?**""

——— ◆◆◆ ———

Telegrämliches.

Warſchau. Die Lage iſt ſehr trübe. Die Diplomatie componirt den Polen das Schwanenlied; die zweite
Note iſt ſchon fertig.

Tartarus. Des Teufels Großmutter hat ſich ent-
ſchloſſen, Seebäder zu gebrauchen; ſie iſt ſchon auf der Reiſe.

München. Die ſtille Freude Derer, welche glaubten,
die Angelegenheit des neuen Volkstheaters habe einige
Aehnlichkeit mit der Schleswig-Holſtein'ſchen Frage, iſt
in einen Brunnen gefallen; man weiß nicht, wie tief
dieſer iſt.

Konſtantinopel. Der Sultan beabſichtiget, nicht
mehr beim Propheten zu ſchwören, — er möchte ihn lieber
— anpumpen.

Oberhaus. Es ſind immer noch Einige da, die nicht
gerne da ſind.

— ❧ —

Der heilige Vater gibt uns ſeinen Segen, — Antonelli
und Merode geben uns, was wir — brauchen.

Die Pilger
zum heiligen Januarius.

Gott **erhalte** nnſern juten König — aber — bald!!!
Die Berliner.

Die Beweisführung der ſüdſtaatlichen weißen Prieſter
finden wir ſehr ſchwarz.
Die nichtweißen Sklaven.

Die Deutſchen ſchwätzen viel über — Mich, — und
ich denke viel an — Sie.
Der ſchweigende Cäſar.

Ich bin herzlich froh, daß ich todt bin; denn würde ich noch leben, so käme es mich sehr schwer an, über meine Hellenen zu — lachen.

Demokritos,

vormals lachender Filosof.

Wenn ich auch jetzt zu schwach wäre, die griechische Krone zu tragen: für was würde ich denn nächstens konfirmirt werden?

GEORG I.,

temporärer König der Griechen.

Meister Gradaus und Geselle Vorwärts.

Geselle: „Meister, jetzt muß ich a dumme Frag thun."

Meister: „„Nur zu, sie ist nicht die Erste."“

Geselle: „Da les' ich alleweil: „von Gottes Gnaden", — und nachher heißt's wieder: „Der und Der ist davon g'jagt word'n;" wie geht denn dös z'samm?"

Meister: „„Da ist halt der Teufel in's Volk 'nei g'fahr'n."“

Geselle: „Ahhh!!!"

Meister: „„Na, warum machst denn so a dumm's G'sicht?"“

Geselle: „Ja, wissen's, daß der Herr den Teufel austrieb'n hat, das steht in der Bibel; aber daß der Teufel den Herr'n austreib'n kann — —"

Neuestes.

Da die bisher eröffneten Commissions-, Schreib- und Verding-Bureaux dem wachsenden Bedürfnisse nicht mehr genügen, so soll ein eigenes Bureau d'amour errichtet werden, in welchem — ferne vom prosaischen Geldwesen — nur in Angelegenheiten des Herzens Rath erholt werden kann. Die schaudererregendsten Verse, die rührendsten Briefe sollen nur zu Einem Gulden per laufenden Fuß berechnet werden. Der Jubel über dieses segenbringende Institut ist besonders unter den Spröden älterer Jahrgänge ein pyramidal-kolossaler!

In Karlsbad,

wo bekanntlich gegenwärtig auch der König von Preußen, der russische Großfürst-Statthalter Constantin und andere hohe Herren weilen,)

soll neulich ein Pole, Namens Schlifelinsky, folgende Verse am Haupteingange angepappt haben:

Kommst du hieher, o armes Menschenkind!

An diesen edlen Quellen zu gesunden:

O wasche dich von den Vergehen g'schwind,

Die andre Menschenkinder schwer empfunden!

Denn bist du nicht von solchen Sünden rein, —

Gehst du, so wie du kamst, als schmuz'ges —

Menschenkind!

Verantwortlicher Redakteur F. X. Weithmann.

Druck der J. Deschler'schen Buchdruckerei.

Münchener Schalk.

(Sonntags-Beilage zum „Volksfreund".)

III. Jahrgang. Nr. 27. 4. Juli 1903.

Moderne Frömmler.

Du armes, armes Polen-Lamm,
    Gehetzt von Freund' und Feinden!
Gibt's denn kein Mitleid mehr für dich
    Bei christlichen Gemeinden?

Reinecke war ein großer Schuft,
    Ein Heuchler sonder Gleichen:
Doch müßt' in jeder Schlechtigkeit
    Er unsern Schuften weichen!

Sie schwärmen von Religion
    Und Gottes Reich in — Worten,
Doch in der That hört man von nichts
    Als: „Schinden, Rauben, Morden!"

— ⚜ —

Freiheit!

Freiheit ahnt der kleine Erdenbürger,
  Eh' er noch das Licht der Welt erblickt,
Und er wird der eig'nen Mutter Würger,
  Wenn ihm nicht ein „freier Eintritt" glückt.
Aber kaum beginnt sein erstes Schreien,
  Stopft die Amme ihm geschwind den Mund;
Ihn von seiner Freiheit zu befreien, —
  Windet sie der Windeln festen Bund!

Und der Knabe macht die lust'gen Sprünge,
  Gleich dem lebensfrohen, freien Lamm;
Aber halt! des Gängelbandes Schlinge
  Setzt der jungen Freiheit schon den Damm.
In der Schule — Alles muß er lernen,
  Was den Geist in enge Fesseln schlägt;
Alles, Alles weiß man zu entfernen,
  Was den Keim der Freiheit in sich trägt!

Auch der Jüngling — mit der Freiheit Ahnen —
  In der Weisheit Tempel zieht er ein,
Sucht des freien Wissens gold'ne Bahnen,
  Einer bessern Zukunft Sonnenschein;
Aber mit Rescripten, Anathemen
  Werden auch die Meister maßgeregelt:
Keiner darf das Steuerruder nehmen,
  Der mit einer freien Flagge segelt!

Fetten Pfründen, Gunst und Ehrenstellen
  Gilt für jetzt die allgemeine Jagd,
Und es sucht des schnöden Goldes Quellen
  Freie Wissenschaft als — feile Magd! —

Nun wohlan! so sei die freie Presse,
　　Freies Wort mein flatterndes Panier! — —
Ja! Die Ketten glüh'n schon in der Esse! —
Festungsfreiheit — wohl bekomm' sie dir!

Zum Troste der gemaßregelten preußischen Redakteure
　　gedichtet von
einem ehemaligen Mitgliede des bayerisch-pas-
sauischen Oberhauses.

Das Letzte.

Wenn nimmer gehen will das Rad,
　　Das Uhrwerk in der ird'schen Hülle:
So steht beim Mann zuletzt das Herz,
　　Und bei dem Weib — die Zunge stille!

Beschränkte Amnestie.

„Aus angeborner Gnade", — sprach
Der Herzog zu den Deputirten
Der Stände, die im Throngemach
Den Akt der Huldigung vollführten,
„Laß ich, da Leiden stets mich rührten,
Den lebenlänglich Kondemnirten
Drei Jahr' an ihrer Strafzeit nach."

Allerliebste Liebeserklärung.

Liebste der Lieben! ich liebe Dich liebend mit liebender Liebe;
Liebender Liebe zu lieb, liebe, Geliebteste! mich.

Die Maßregeln eines Landwehrmannes, der die Petition um Abschaffung der Landwehr in kleinen Städten und Marktgemeinden unterzeichnet hat.

Hauptmann Nudelmüller: Ja, was ist's denn, Herr Pechhuber! rücken Sie denn nicht aus?

Pechhuber: Nein, ich hab' meine eigenen Maßkrügeln ergriffen.

Hauptmann Nudelmüller: Nun, und die sind, wenn ich bitten darf?

Pechhuber: Wissen Sie, Herr Hauptmann, ich bleib' aus Gesundheitsrücksichten so lang in provisorisch ruhender Aktivität, bis unsere aktive Ruhe definitiv entschieden ist.

———— ✻ ————

Poetische Ergießungen.

„Zeit bringt Rosen!"   Ein X-Rath.

„Ich wollt' ich hätt' für meine Familie genug Kartoffel!"

Ein aufgebesserter Kleiner
vom Jahre 1862.

———— ✻ ————

Im Bräuhaus.

Blechhuber: „Sie, in Prag is a Theater-Prinzessin durchbrennt.“

Vorstenberger: „„Nu, bei der Hitz is koa Wunder nit.““

Blechhuber: „Ah, Potschi! nit so; unsichtbar hat sie si g'macht.“

Vorstenberger: „„Nu ja, durchsichtig wird's z'erst scho g'wes'n sein.““

Blechhuber: „Und ohne polizeiliche Licenz is fort! Dös is doch nit reel!“

Vorstenberger: „„Ei was! Wenn s' sauber ist, kriegt s' überall a Aufenthalts-Kart'n. Da sieht ma scho, daß Sie a — Realrechts-Besitzer sind.““

———

Blechhuber: „Hab'n Sie 's g'les'n im Blattl: Der Groß-fürst-Statthalter von Polen will ah in's Karlsbad reis'n?“

Vorstenberger: „„I woaß nit, was die groß'n Herrn allweil an sich z' wasch'n hab'n. Geht's denn gar so unsauber runter?““

Blechhuber: „Na, na! dös nit; krank sind 's halt!“

———✹———

Wenn man so und so lange die Speisen mit Viehsalz würzt, keine Zeitung liest und auf Stroh schläft: warum sollte man nicht — strohdumm werden.

Ein ausgedienter Oberhäusler.

———

Wie sollten wir denn mit dem kalten Polen sympathisiren?

Die englischen Baumwollballen.

Es bleibt Alles — beim Alten!

Die neuen französischen Minister.

An den deutschen Michl.

Ich sitze hier im tiefsten — Elend;
Wenn du mich lieb hast, hol' mich weg.

Schleswig-Holstein.

Wir sind vollkommen damit einverstanden, daß die ka=
tholischen Priester rasirt werden und wünschen, daß
Rom ein Dogma daraus mache!

Die englischen Rasirmesser-Fabrikanten.

Meister Gradaus und Geselle Vorwärts.

Meister: „Jetz is 's aber doch merkwürdig mit dem Ci=
garren-Handel, jetz hat unser Käshändlerin ah Ci=
garr'n; die müss'n an feinen G'schmack und G'ruch
krieg'n!"

Geselle: „„Ah was! Auf'n G'schmack und auf'n G'ruch
kommt's ja jetz gar nimmer an bei die Cigarr'n.""

Meister: „Nu da woaß i nit, — auf was kommt 's denn
nacher an?"

Geselle: „„Jetz hoaßt 's: wenn 's nu brennt! Denn wenn 's nit brennt, hat ma ja gar koan G'schmack und koan G'ruch!""

Meister: „Aber die Menge Strohhutlabl, die 's heuer gibt!"

Geselle: „„Zeitgemäß! zeitgemäß!""

Meister: „Geh, kommst alleweil mit dein dumm'n: Zeitgemäß! Warum denn zeitgemäß?"

Geselle: „„Nu, 's werd'n ja b' Strohköpf' ah nit weniger!""

Geselle: „Jetzt soll ja die Mannsnahrung der Bäcker von 5 fl. auf 6 fl. erhöht werd'n.“

Meister: „„So? Nacher kost't bei mir 's Paar Stiefel ah statt 7 fl. — 8 fl.""

Geselle: „Nu, da dürf'n die kleinen Staatsdiener glei mit Weib und Kinder baarfuß geh'n."

Meister: „„Macht nix! Wenn si der Staat nit schämt, brauch'n die Diener ah koan Respekt.""

Geselle: „Sie, der König von Preußen hat sei Kur scho ang'fang'n."

Meister: „„Nu, dem kann a tüchtige Kur scho guat thua!""

Geselle: „'s hoaßt ah, er soll recht heiter sein."

Meister: „„Ja, es is überhaupt a recht heit're Familie.""

Geselle: „Meister! hab'n 's die G'haltsaufbesserung von die Postleut' g'les'n? Alle hab'n 's was kriegt, — sogar die Höflichen!"

Meister: „„Geh, halt dei Maul und steck dei Nas'n nit in Sach'n 'nei, die di nix angeh'n.""

Geselle: „G'scheidter wär's freili, wenn g'wisse große Herrn ihre Nas'n 'neisteck'n that'n."

Geselle: „Was is benn für a Unterschied zwisch'n 'n Offiziant'n und 'n Offizial?""

Meister: „„J woaß koan andern, als daß der Offiziant
700 Guld'n und der Offizial 1100 Guld'n G'halt hat.""

Geselle: „Meister! der Unterschied is sogar mir z'
dumm!"

Geselle: „Sie, jetz fallt mir a Witz ei!"

Meister: „„Nu?""

Geselle: „Was is für a Aehnlichkeit zwisch'n einer
alt'n Geig'n und 'n niedern Kassabeamt'n?"

Meister: „„J woaß nit.""

Geselle: „Dös is die, daß alle zwei **verstimmt**
sind·"

Meister: „„Da müss'n 's halt eingeb'n, aber jetzt, da wird
's glei anders werd'n.""

Geselle: „Ja, anders wird 's glei, da hab'n 's scho recht;
denn nacher sind die kleinen Beamten **wieder
g'stimmt.**"

Geselle: „Aber Sie, Meister! wenn jetz bei den schönen
Aussicht'n Einer zu einer Kasse oder Anstalt geht, dem
sollt' ma glei 's Hirn einschlag'n."

Meister: „„Dummer Kerl! dös wär' unmöglich; so Einer
hat ja gar kei Hirn!""

Meister: „„Hast dös umg'mal'ne Bild am Rathhausthurm
scho' ang'schaut? Jetzt sind die Rathsherrn anstatt
auf rothem Grund, auf Gold-Grund g'malt.""

Geselle: „Dös is jedenfalls 's Richtigere; denn „**Roth**"
und „**Münchener Rathsherr**" paßt nit z'samm';
und wissen's, wahrscheinli is damals, wo f' no die Kala-
breserhüt' trag'n hab'n, 's **Gold** der **Grund** g'west,
daß f' Rathsherrn word'n sind!"

Meister: „„Aber Kerl! was du a bös Maul kriegst!""

Geselle: „War a Wunder — bei der Zeit!"

Verantwortlicher Redakteur F. X. Weithmann.
Druck der J. Deschler'schen Buchdruckerei.

Münchener Schalk.

(Sonntags-Beilage zum „Volksfreund".)

III. Jahrgang.   Nr. 28.   12. Juli 1863.

Festungs-Freiheits-Gedanken.

Sitzt man nur einmal hinter Schloß und Riegel,
   Weil man Ein freies Wörtchen hat gesprochen:
     Da wird der Stab von Tausenden gebrochen,
Und jeder Affe hält Dir vor 'nen Spiegel!

Es bellt der Hunde nimmermüder Chor
   Mir in die vielgeplagten Ohren:
     Ich hätte drüber den — Verstand verloren,
Wenn ich nicht früher das — Gehör verlor.

Die Liliputer Liberalen.

In Liliput, in Liliput
  Da lebt ein frommes Völklein,
An seinem Friedenshimmel steht
  Das ganze Jahr kein Wölklein.

*

Für seinen nimmersatten Durst
  Gibt's öffentliche Brunnen,
Es sterben für die Hungrigen
  Die Ochsen der Communen.

*

Hier sieht die gute Obrigkeit
  Man niemals nicht verachten,
Ganz friedlich thun die Löwen hier
  Bei Lämmern übernachten.

*

Hier weiß man nichts von Fortschritt, Licht
  Und Revolutionen;
Die Schafe hier ganz sänftiglich
  Bei Tigerinnen wohnen.

*

Nur hie und da, so wie im Pelz
  Des ungeheuren Bären
Ein Dutzend kleine Dingerchen
  Von dessen Fette zehren:

*

Also gibt's auch in Liliput
  Ein Häuflein der Fortschrittler,
Der Freiheit und Intelligenz
  Allmächtige Vermittler.

Wer kennet diese Redlichen
   Und weiß sie nicht zu schätzen?
Weiß nicht, wie sie mit Heldenmuth
   Für's Volk zu Tod sich — schwätzen?

*

Dort sieht man einen Ehrenmann
   Von einer Meute hetzen, —
„Wohlan, ihr Liberalen all'!
   Wir müßen für ihn — schwätzen."

*

Geopfert hat er Alles schier
   Dem Volke — seinem Götzen, —
„Ja, es ist unf're Mannespflicht,
   Für solchen Mann zu — schwätzen."

*

Er hungert, friert und liegt auf Stroh, —
   Das muß sein Herz verletzen! —
„Geschwind, ihr Liberalen! kommt,
   „Dem Aermsten was zu — schwätzen."

*

Wer weiß, ob man ihn später nicht
   Gebrauchen kann zum — Hetzen, —
„Laßt uns ermüden nicht, für ihn
   „Die halbe Nacht zu — schwätzen."

*

Er hat sich nicht gescheut, im Kampf
   Sein Leben auszusetzen;
„Ihr Herren! wenn es so ist, muß
   Man kräftigst für ihn — schwätzen!" —

*

's ist aus mit ihm, — dem Todten könnt'
   Ein Monument ihr setzen! —
„Bravo! den großen Todten gilt's
   Begeistert nach zu — schwätzen!"

Stoßt an: Ein dreifach donnernd Hoch
Liliput's Liberalen!
Zum „Anseh'n" braucht man keinen Kern, —
's thun's auch die — leeren Schaalen!

Den Liberalen von Liliput in tiefster Eher-Furcht gewidmet

von

Jeremias Gotthelf Thugut.

Die Adresse.

Ein Münchener Bräuer soll in den letzten Tagen von
einer Deputation seiner Wirthe eine Adresse in Empfang genommen haben, welche um so mehr Aehnlichkeit mit der
neulichen Adresse der bayerischen Reichsräthe zu haben scheint,
als auch in ihr fünfmal die Kraftsuppenform der
Komparation aufgetischt wird, — hingegen andererseits
um so weniger mit jener harmonirt, als sie sich auf dem
Gebiete des Tadels bewegt. Wir theilen diese Adresse um so
lieber mit, als wir dadurch dem Publikum einen Gefallen
zu erweisen hoffen, wenn auch jener Bräuer um so miß-
liebiger auf eine solche Veröffentlichung blicken wird, je
weniger der Inhalt der Adresse ihm zum Lobe gereicht.

Das Schriftstück lautet:

Allerspärlichsterleuchteter, aufgeblasenster Großsultan!
Unser Meister und Herr!

Je mehr die Größe Deines Reichthums und Deiner
Besitzungen anwächst, desto weniger scheinst Du damit zufrieden zu sein. Deßhalb glaubst Du wohl Deine Brühe von
Jahr zu Jahr um so dünner machen zu müßen, je dicker
der Gewinn dabei fließt. Je schlechter aber das Gesäufe
wird, um so mehr verlieren wir von Tag zu Tag unsere
Gäste und wir müssen um so gewißer unserm Verderben

entgegen gehen, als es doch immerhin noch ehrliche Bräuer und gute Biere in München gibt. Wenn wir daher noch länger solchen Plempel von Dir bekommen, so wären wir um so mehr gezwungen, uns selbst aufzuhängen, als es gesetzlich nicht gestattet ist, Dir diese Wohlthat zu erweisen, wozu von ganzem Herzen bereit wären u. s. w.

Deine

erbärmlichsten Sklaven:
(Folgen die Unterschriften.)

Die Spieler.

Biktörl: „Na, jetzt wird's mir aber schon zuwider! Sie verzehren ja gar nichts mit Ihrer Spielerei."

Xandl: Biktörl, Du bist eine wahrhaft englische Seele! Bleib' nur mir gut! Ich bin doch immer noch Der, der am Meisten konsumirt. Sapperment! Laß mir die Liebschaft mit Louis fahren; mit mir fährst Du doch besser.""

Biktörl: „Ja schau, Xandl! Mit euch Bier bin ich wirklich in der größten Verlegenheit. Du verzehrst viel;

der Wilhelm ist mein Vetter, wenn er nur nicht gar so du — — du — — wie muß ich denn sagen? — so duselig wär'! — Der Franzel ist aus gutem Geblüt und der Louis imponirt mir am Meisten."

Xandl: „„Wie ich sagte: Du bist eine wahrhaft englische Seele! — Verlaß mich **nur jetzt nicht!**""

Civilisatorisches

aus:

New-York: Bei Harrisburg hat eine Schlacht stattgefunden; 20,000 Mann sollen todt oder verwundet sein. Drei gefangene Neger-Regimenter wurden masakrirt.

Mexiko: Puebla ist ein Schutthaufen. Die Mexikaner vergiften die Brunnen.

Rom: Die Regierung hat einige Freikorps in's Neapolitanische gesendet. Ein Piquet der Piemontesen wurde aufgehoben, die Mannschaft völlig entkleidet, verstümmelt und — noch lebend — aufgehangen. Eviva Francesko II.

Trient: In einer neulichen Versammlung wurde die Ansicht ausgesprochen, daß man sich den Fügungen der Vorsehung mit Demuth unterwerfen müßte, wenn einmal den Protestanten in einigen Ländern, wie z. B. Throl, eine Vesper à la Sizilien gehalten würde.

Polen: Dörfer und Städte werden verbrannt, die Männer — gehenkt, die Weiber — geknutet, die Mädchen — geschändet. — Es lebe der Czaar!

Posen: Die Preußen liefern Niemand mehr aus. Gestern wurden 7 Flüchtlinge aus Russisch-Polen mit Zwangspaß über die Grenze zurückgewiesen. Sie hängen bereits.

Athen: Es herrscht überall die größte Freiheit — bei den Soldaten; Wer nicht Soldat ist, flüchtet sich auf die Schiffe.

Japan: Auf Befehl des Kaisers mußten sich 200 vornehme Einwohner von Theddo den Bauch aufschlitzen wegen ihrer — Freundlichkeit mit den rothhaarigen Barbaren. Wegen feindseligen Aeußerungen ließen die Alliirten 150 Einwohner erschießen.

London: Ueberall, wo unsere Flagge weht, unsere Baumwollenzeuge landen und unser Opium geraucht wird, — gehen die Völker der — Civilisation entgegen.

Paris: Zur Ausbreitung der Civilisation und des Christenthums sind 6 Kriegsschiffe mit vieler Munition nach Madagaskar abgedampft.

Vom Cap: Die Hottentotten danken den Europäern schönstens für ihren civilisatorischen Unterricht und bauen zum Schutze gegen denselben eine chinesische Mauer.

Es lebe der Fortschritt der europäischen Civilisation!!!

———— ◆◆◆ ◆◆◆ ————

Oeffentliche Erklärung.

Gegenüber allen böswilligen Gerüchten erklären wir hiemit rundweg: „Wir wollen in Deutschland nicht die Führerschaft, sondern die **Herrschaft!**

Schulze (aber nicht von Delitsch) **et Comp.**
k. preußische Hoflichtputzer.

———— ◆◆◆ ————

☛ Nicht zu übersehen. ☚

Meinen geehrten Geschäftsfreunden, welche mich seit Jahren nur unter dem Namen „Rother Spitzbub" kennen, mache ich bekannt, daß ich meine Haare schwarz färben ließ.

Blasius Zündnagel.

———— ◆◆◆ ————

Meister Gradaus und Geselle Vorwärts.

Meister: „Nu, jetz gibt's ja im Oktober an Journalisten-
  Tag ah."

Geselle: „„War Zeit, daß bei die Zeitungsschreiber ah
  amal **Tag** wird!""

Meister: „Z'erst wolln s' gegen 'n Nachdruck auftret'n "

Geselle: „„Da werb'n s' nit viel ausricht'n!""

Meister: „Warum denn?"

Geselle: „„Ja, i moan halt, wenn's was G'scheidt's
  bruck'n, nacher **druckt** b'Justiz am Aergst'n **nach.**""

Meister: „Aha, Schlaucherl! i hab' di' scho': du moanst
die — **maskirte Censur.**"

———

Meister: „Der Napoleon is ja nach Viech—i abg'reist."

Geselle: „„So? is er scho' in Deutschland eing'ruckt?""

———

Geselle: „Jetz' werden s' am Bundestag bald anfang'n."

Meister: „„Was denn?""

Geselle: „'s **Aufhör'n!**"

Meister: „„Geh, dös erleb'n wir zwei nit!""

Geselle: „Warum denn nit? Sie **hören auf** mit'n
Nixthun und **fang'n an** in die **Ferien z'gehn'.**"

———

Meister: „Wenn 's jetz zwisch'n Frankreich und Rußland
  zum **Bruch** kommt?"

Geselle: „„Nacher darf si der Bismark glei a **Bruch-
  Band** kauf'n.""

Meister: „Aber a recht elastisches, so wie ma's in der
  Knödl-Gass'n kriegt."

Geselle: „„O Sie! Der wenn nach München kommt, Der
  darf si in koaner Gass'n um **d' Knödl** sorg'n.""

Verantwortlicher Redakteur **F. X. Weithmann.**

Druck der J. Deschler'schen Buchdruckerei.

Münchener Schalk.

(Sonntags-Beilage zum „Volksfreund".)

III. Jahrgang.   *Nr. 30.*   26. Juli 1863.

Schützen-Willkomm.

Seid gegrüßt, ihr wackern Schützen,
  Bu dem brüderlichen Fest,
Ihr von Norden, ihr von Süden,
  Ihr von Osten, ihr von West,
Aus der vollen Brust genommen,
Rufen wir euch zu: — „Willkommen!"

Bunte Fahnen lustig flattern
  Und geschmückt ist unser Haus,
Und die Freude und der Jubel
  Zieht mit Euch zum Festplatz aus,
Ueberall, auf allen Wegen
Tritt Euch laute Lust entgegen.

Reiche Ehrengaben prangen,
  Schön und festlich ausgestellt,
Leider, daß Wir nichts besitzen,
  Und nichts kriegen o h n e Geld,
Doch nehmt alle uns're Habe:
Witz und Scherz als gute Gabe.

Uns're lust'ge Schützenzeitung
  Ist der beste Talisman:
Wer sie kauft und mit sich führet,
  Nie das Biel verfehlen kann.
Wer kein' Schütze und sie kaufet,
Fühlt bald, daß er leichter schnaufet.

Schützen-G'sangel.

Gelt, da Punkt war scho' recht,
  Wenn ma' schö' treff'n that,
Aber 's Stutzei is z'schlecht,
  D'rum bist a so stat.

*

Du schieß'st fleißi' in d' Luft,
  Kimmst in d' Scheib'n nit 'nei,
Dir dürfet d' Wirthsgretl
  A Zielerin sei'.

*

Gelt, schwarz möcht'st gern schieß'n,
  'n Punkt ebba gar:
Da muaßt scho' steif halt'n
  Und ziel'n auf a Haar.

*

Kastanien schö' braun
  Und Nuss'n grad gnua,
Hab'n an Bart a den schönst'n,
  Geht's, Schütz'n, greift's zua!

*

Da Jaga schießt d'rauf,
  Und da Zieler zoagt auf,
Und dös Kellnerin lacht,
  Daß da Unterrock kracht.

*

A Hirschei hab' i g'seg'n,
  Hat erst sechzöcha End',
Für dös hätt' i a Kügei —
  Potz Sapperament!

*

Auf's boarische Schieß'n
  Geht mei' Weiberl und i;
Und i trag' mei Stutzei,
  Und b' Taschen tragt sie.

*

Ob i b' Scheib'n troff'n hab',
  Da bin i im Zweifel:
Potz stediger, kraudiger
  Polnischer Teufel!

*

Und wie si mei Liesei
  Hat gestern so buckt,
Da hob i wos g'hört —
  I hob 's Lacha verdruckt,

*

A Reherl that i wiss'n,
  Kommt mir nit aus 'm Sinn:
Und wenn i 's a treffet —
  's war doch nit glei hin

*

Komm' eben vom Schieß'n,
  Hab' 's Büxei aus'gwischt,
Und da hat mir b' Frau Wirthin
  Ihr-Bestes auftischt!

*

Und 'n Förschter von Manning
  Hat 's weiter nöt g'rath'n:
Hat'm b' Sennerin g'sagt g'habt,
  Er sollt' sei scharf lad'n!"

Telegramme.

Regensburg. Der König von Preußen war in der Walhalla. Daß er je da hinein käme, hätte sich Niemand träumen lassen.

———

— Bismark kam um Mitternacht auch an. Die bösen Geister erscheinen den armen Sterblichen nur um diese Zeit.

———

Newyork. Alles geht gut. Wir haben eine große Schlacht gewonnen und 20,000 Mann verloren. Wir stehen dort, wo wir vor zwei Jahren standen.

Konstantinopel. Der Sultan hat die fixe Idee, daß der Prophet an der Wassersucht leidet; er will ihn daher — anzapfen.

———

Warschau. Auf die Photographieen-Geschichte hin ist Niemand mehr sicher, weil alle Leute den Mitgliedern der National-Regierung gleich sehen — von hinten.

Petersburg. Die drei Großmächte schicken uns Noten, aber zu einer Harmonie kommt's noch lange nicht; Gorscha-koff will eben keine andern Saiten aufziehen.

———

Die Ostbahndirektion (vulgo Judenbahn) hat in ihrem spekulativen Servilismus die Hofeisenbahnwagen dem König von Preußen zur Verfügung nach Passau gesendet. Der König lehnte selbe natürlich ab, aber die Frage, was man heutzutage von Takt und Noblesse versteht, möchte gern beantwortet haben:

Ein Bürgerlicher
mit seinem beschränkten Unterthanen-Verstand.

———

Toast
des
schwäbischen Gemeindevorstehers Häutle.

Jetzt, meine Herre! weil m'r grad ällerhand Landsleut beienander sind, möcht' i au ebbes sage. Wenn m'r jetzt Aelle so luschtig aus Eim Fäßle saufe könnet, warum soll m'r denn net im Friede über älles Andre einig werde könne? Dös wär' e Punkt, meine Herre! Für den wen m'r e mal an deutsch'n Schütze hätt'n. Hoffe m'r, daß doch auf's Wenigscht sei Großmutter scho gebore ischt! Und in der freudige Hoffnung trinke m'r — e Gemüthlichs!

Curiosum.

Fritzerl: „Sieh, Papa! da kommen die Wallfahrer! Ah! ah! sieh, die Frauenzimmer sind schön gekleidet und alle ganz gleich, — schneeweiß. Wer sind denn die, Papa!"

Papa: Das sind die Jungfrauen.""

Fritzerl: „Gelt, Papa! da ist die Mama auch dabei? Jawohl! Sieh, sieh, sieh Papa!"

Avancement.

Petent: Bin dreißig Jahre nun schon Funktionär,
Seitdem ist, wie soeben ich vernommen, —
Gerade jetzt der hundertst Posten leer,
Nun bitt' ich Euer Excellenz recht sehr,
Bei mir ist höchste Zeit zum weiter kommen.

Minister: Ich kenn wohl Ihre Qualifikation
Und habe die Gewißheit d'raus entnommen,
Es wäre gut für Vaterland und Thron
Sie hätt'n vor neunundzwanzig Jahren schon
Petitionirt: Sie möchten weiter kommen.

———

Moderne Humanität.

Mutter: Emilie, diesen theuern Hut,
Wie kann ich das erschwingen?
Pension und Unterstützung thut
Nicht satt in solchen Dingen.

Tochter: Mamma, das bringst du leicht herein,
Brauchst nur der Magd zu künden,
Stellst ohne Lohn ein Mädchen ein,
Das nebenbei recht lieb und fein
Verdienst weiß sich zu finden.

———

Zwei Küsse.

Wenn dich ein Mädchen engelrein,
Mit wahrer Liebe küßt:
Ist's eine Flamme ohne Schein,
Die Glut in's Herz dir gießt.
Doch küsset dich ein Mägdelein,
Das mancher Rückblick quält:
Ist's kaum ein mageres Streichhölzlein,
An dem der Phosphor fehlt.

———

Stimmen aus der Unterwelt.

Ach, lieber Georg! wenn ich nur beine Thronrede zu beinem Regierungsantritte schreiben dürfte!

Demosthenes.

Ich bin froh, daß ich nicht in München vegetiren muß; denn mein Faß, meine Laterne und das neue Polizei-strafgesetzbuch passen nicht zusammen.

Diogenes.

Wenn mich mein Vulkan nimmer liebt, bau ich in München meinen Tempel.

Venus.

Hilf, Bismark! — — Bismark, hilf! — Meine Blitze sind feucht geworden, leih' mir die beinigen!

Jupiter.

Versäumte Warnung.

Der alte Glückshafen wurde auf dem Promenade-platze aufgestellt, um die Konditorei von Hrn. Hof in seine Räume aufzunehmen. Wir wundern uns, daß einer der ehrwürdigsten Väter unserer guten Stadt, Herr Teichlein, seinen Nachfolger nicht vor dem alten Rumpelkasten warnte, welcher allgemein im Geruche von „Salz und Pfeffer" steht. was für Hof's **Süßigkeiten** von nachtheiligen Folgen sein könnte! Im Unterlassungsfalle hätte man auch die nahe-liegenden Linden nicht so zu malträtiren gebraucht!

Mehrere ausgediente Glücks = Ritter.

Mutter: „Jo Sepperl! Wos hoſt denn du im Sinn?“

Sepperl: „„I geh' a zum Schieß'n auf Müncha nunt'r.““

Mutter: „Wos ſollt denn dir ei! Wer wird denn ſo an Buab'n a Büxei in b' Hand geb'n?“

Sepperl: „„Hot ja da Bota a oane.““

Mutter: „Du Lackl! da Bota ſo mit umgeh'n, — bös muaß i wiſſ'n!“

Meiſter Gradaus und Geſelle Vorwärts.

Meiſter: „„Der König von Preußen war ja der Erſte, der dem Napoleon zur Einnahme von Mexiko gratulirt hat.““

Geſelle: „Hätt' vielleicht der Napoleon dem König von Preußen zur Einnahme von Karlsbad gratuliren ſollen?“

Meiſter: „„Unſinn!““

Geſelle: „Nu, warum? Is denn nit in Karlsbad der warme Strubl, der die Leut' ſo xund macht?“

Verantwortlicher Redakteur F. X. Weithmann.

Druck der J. Deſchler'ſchen Buchdruckerei.

Münchener Schalk.

(Sonntags – Beilage zum „Volksfreund".)

III. Jahrgang.   *Nr. 31.*   2. August 1863.

Die Politiker.

Steffelbauer! „Wie geht's denn jetz zua in da Politick, G'votta! Koa Teufi kennt si mehr aus: geits an Krieg weg'n dö Pol'n, oda geit's koan Krieg?"

Hieslbauer: „„Je, woaßt b', do muaßt holt dö dipplomadisch'n Noth'n in da Zeitung fleißi les'n, nocha wirst's scho sinb'n, baß 's nit sauba ausschaugt mit'n Krieg.""

Steffelbauer: „Laß da wos sog'n, G'votta! Siegst den Hauf'n Mist?"

Hieslbauer: „„Nu jo!""

Steffelbauer: „Schau, wennst b' jetz so an groß'n Hauf'n diplomatische Noth'n vor bir host, nocha frog' i bi, ob's b' aus dem Hauf'n wos G'scheib's 'rausfindst?"

Begegnung.

v. Schneck: „Guten Morgen, mein Lieber! guten Morgen. Nun, haben Sie die Rede des Finanzministers gelesen? Nicht wahr: dieses kolossale Verständniß, dieser seltene Geistesreichthum, diese überraschende staatsmännische Kraft, mit denen er die Nothwendigkeit und Nützlichkeit der k r o n r e c h t = l i c h e n sechsjährigen Finanzperiode darlegte!"

v. Schnack: „„Ja, es ist wirklich erstaunlich. Schade, daß die Kammer dennoch e i n s t i m m i g anderer Ansicht war! Ach Gott! was würde dieser Mann — erst als S t a a t s = r a t h nützen können!""

v. Schneck: „Ganz ihrer Meinung! — Adieu, mein Gutester!"

———— ❊ ————

Anzügliche Anzeige.

Mir hat der hochweise Magistrat nach sechzehnjähriger Erwägung eine Conzession verliehen unter der Bedingung, daß ich eine alte S c h a c h t e l = und S p i e l w a a r e n = H ä n d l e r i n heirathe. Indem ich diese f r ö h l i c h e T r a u e r k u n d e einem hohen Adel und verehrlichen Publikum zur geneigten Kennt= nißnahme bringe, empfehle ich m i c h , s i e und 7 u n m ü n d i g e K i n d e r zu einem recht reichlichen Absatze.

Bethlehem, 32. April 1763.

Pankrazi Schneck,
kurzer Waarenhändler und alter Schachtel=
Inhaber.

———— ❖❖❖ ————

Himmlische Depesche.

Madame D i a n a läßt dem Schützenkomité ihr Bedauern ausdrücken, der Einladung nicht Folge leisten zu können, da i h r H i r s c h durch das zu schnelle Wachsen der G e w e i h e krank sei und ihrer Pflege bedürfte.

———— ❖ ————

Ex re ipsa.

Herr Schnipps hat eine Bibliothek,
    Wohl etwa tausend Bände,
Und glaubt, daß keinen Klügern man
    Deßhalb in Deutschland fände.
Ei kaufe dir mein lieber Schnipps,
    Die allerbeste Büchse,
Wenn du vom Schießen nichts verstehst,
    Triffst du dabei auch Nixe.

           Poeta laureatus.

Ungeschickt.

Louise geht zum Schützenfeste,
    Louise hat ein neues Kleid,
Louise dünkt sich heut die Beste
    Auf dem Platze weit und breit.
Doch die Schützen, — welch' Verdrießen! —
Seh'n sie nicht vor lauter — Schießen. —

Auf dem Keller.

Dichter:

Mir gab das Glück noch nie den Weihekuß,
Das ganze Dasein ist mir Ueberdruß,
O glücklich der, dem noch die Gelder winken,
Tes Lebens Qual im Biere zu vertrinken!
Fürwahr im Schmerz ist Trinken noch das Beste,
      (in den Krug schauend)
O Schicksal! gib, daß hier mit diesem Reste,
Den Rest ich trinke aus dem Leidensfaß!

Kellnerin:

O genga's, Sie Gschmocherl, i bring no a Maß.

Bedenken.

Ich weiß gar nicht, was das ist! Von dem bayerischen Oberhause an der Isar hört man so selten, daß eine Sitzung stattfindet; als ich noch Mitglied des Oberhauses an der Donau war, hatten wir unsere permanenten Sitzungen. Uebrigens glaube ich selbst, daß das viele und lange Sitzen sehr ungesund sei!

Ein ehemaliges Mitglied
des Oberhauses a. d. Donau.

———— ▸◂ ————

Sentimentaler Seufzer
bei dem Anblicke der neugepflasterten **Dienersgasse.**

Ach, die Pflastersteine selber bessern sich:
Nur der Mensch bleibt ewig fürchterlich!

Ein Diener, der die Gasse
zum Glück nicht zu finden weiß.

———— ◆◆ ————

Verständigung.

Der deutsche Zollverein hat mit China einen **Handels = Vertrag** abgeschlossen. Man sieht: die Deutschen verständigen sich leichter mit den Chinesen als — unter sich selbst!

———— ◆◆ ————

Berichtigung.

Der Kaiser F. Joseph von Oestreich wird dem Könige F. Wilhelm von Preußen nicht in Kissingen, sondern in Gastein einen Besuch machen. Das konnte man übrigens wohl denken, daß der Zusammenkunftsort dieser beiden Herren kein **Küssingen** sein werde.

Diplomatisches Conzert,

oder die verschiedenen Tonarten, in welchen die russischen Noten
in der Polen-Frage abgesungen werden.

Glossen.

Sei ruhig, Louise! Er hat ja gar keine Kinder.
Makduff.

Der Herr Barth und Lerchenfeld haben Recht: sechsjährige
Perioden müssen die beste Constitution ruiniren.
Die vereinigten Münchener
Hebammen.

Ich heiß' zwar nit Louise; aber wenn ich mein' Aller=
liebsten seh', bin ich für alles Andere blind.
Anastasia Jungblut.

Allen Leuten kann man nicht gefallen, — wäre auch nicht immer schmeichelhaft.

Das Kind Fridolin.

Ich bin jetzt nur neugierig, ob Alle tanzen, wie Er — pfeuft.

Ein Hochzeitsgast.

Es ist zwar ein Unterschied zwischen einem Schiller und einem Schüler, — aber den Mond kann ich auch anbellen!

Der Griesgram.

Telegramme.

Petersburg. Der Minister Gortschakoff protestirt gegen die Gültigkeit des Sprichwortes: „Der Gescheidte gibt nach."

Berlin. Auch die Lichterfabrikanten und Alle, welche mit Beleuchtungs=Mitteln Handel treiben, sollen dem neuen Preßverfahren unterworfen werden.

Paris, (über Mexiko und China befördert). Das Kaiser= reich ist noch immer der Friede. Für den Herbst sollen die Franzosen einen Massenbesuch am Rhein beabsichtigen.

London. Die Nachfrage nach Baumwolle ist im Wachsen, die Sympathie für Polen im Abnehmen begriffen.

Wien. Der Kaiser wird demnächst seinen lieben Bruder in Gastein besuchen.

Kopenhagen. Wegen der drohenden Haltung des Bundestages in der Schleswig=Holstein'schen Frage wurde eine Volksversammlung abgehalten und beschlossen, eine Deputa= tion von 7 alten Weibern nach Frankfurt zu schicken, um den Herrn Bundestag gehörig auslachen zu lassen.

Frankfurt. Nichts Neues!

Auch eine Rede.

Meine Herren, es freut mich, Ihnen sagen zu können, daß ich jetzt auch Meister bin; ich habe vorige Woche meine Konzession erhalten. Allerdings habe ich früher für Gewerbefreiheit gesprochen; allein, wenn man die Sache von einer anderen Seite ansieht, wird sie doch wieder sehr bedenklich! Meine Herren! ich habe meine Konzession und bin ansässig. Man muß da nicht bloß die ledigen Schreier und — nicht angesessenen Wühler hören. Unsere Behörden sind mit Ertheilung von Konzessionen bisher sehr freigebig gewesen, ich fürchte, nur zu freigebig! Wo soll das hinkommen? Meine Herren! wie gesagt: ich habe meine Konzession, und ich glaube, daß es jetzt an der Zeit wäre, daß die hohen Behörden einhalten mit ihrer Freigebigkeit! Ich glaube auch, daß es endlich an der Zeit wäre, daß die Ansässigen, Konzessionirte wie Realrecht-Besitzer, eine Eingabe an die Regierung machen, worin sie sagen, daß es nichts sei mit der Gewerbefreiheit und daß es jetzt auch genug sei mit den Konzessionen!

(Allgemeines Bravo und Zurufe, wie: **Jetzt ist's gerade genug!**)

Künftige Ehrengaben zum Schützenfest.

Die **Schuhmacher**-Innung hat als Ehrengabe für **unglückliche** Schützen einen Zentner **Pech** geliefert und der Verein der **Putz**-Arbeiterinnen einen Wischzeug zur Stutzen-Reinigung.

Nach dem Festschießen.

Mathies: „No du, was hat denn der Flintsbacher Toni kriagt?"

Görgl: „„Wanzen im neuen Quartier und Bauchweh auf's Münchener Bier.""

Meiſter Gradaus und Geſelle Vorwärts.

Geſelle: „Meiſter, was iſt denn loyal?

Meiſter: „„Loyal? — das iſt —, das heißt — von hinten, meuchlings, hämiſch, oder ſo dergleichen.““

Geſelle: „Ah, jetzt verſteh' ich die Wagner'ſche G'ſchicht."

Meiſter: „„Uebrigens ſpricht man's „Lojolal" aus, Dumm= kopf!““

Geſelle: „Der Hackerbräu hat ja beim Magiſtrat ſcho wieder 10 Steft'n Waſſer beſtellt; was thut er denn mit ſo viel Waſſer?"

Meiſter: „„Nu, haſt d' denn nit g'leſ'n, daß er mehr Malz verſieb'n — will?““

Geſelle: Meiſter, wenn's wirkli dahin kommet, daß auf einer Seit' Oeſtreich, Bayern und Würtemberg mit Heſſen, auf der andern aber Preußen mit den Anderen ſtünd', wäre das nicht Du —"

Meiſter: „„Ja, das wär's, — Du - alismus.““

Geſelle: „Haben's bös ah g'leſ'n: Der vergleicht gar an unſrigen Miniſter mit 'n Bismarkl."

Meiſter: „„O, wenn Der nix dümmer's geſchrieben hätt', dürft' er ſich Glück wünſch'n!““

Verantwortlicher Redakteur F. X. Weithmann.

Druck der J. Deſchler'ſchen Buchdruckerei.

Münchener Schalk.

(Sonntags-Beilage zum „Volksfreund".)

III. Jahrgang.   *Nr. 32.*   9. August 1863.

Ein politischer Mord.

Telegramm.

Krähwinkel, 7. August 11 Uhr Abends. Der Wachsamkeit unserer hohen Polizei ist es gelungen, einer blutigen That auf die Spur zu kommen. Man spricht von einem politischen Morde, von einer gewichtigen Persönlichkeit, von einer weitverzweigten Verschwörung. Nähere Angaben fehlen.

Telegramm.

Krähwinkel, 8. August 1 Uhr Morgens. Nähere Nachforschungen haben ergeben, daß die Nachricht von einer blutigen That bedeutend modifizirt werden müsse. Näheres brieflich.

Preis-Frage.

Wenn in München 1000 Steine zum Häuserbau 30 fl. kosten, was kostet dann in Berlin Ein Stein zum Verfassungsbau?

Telegrämliches.

Paris. Die Armeen werden größer. Es ist aber ganz richtig, denn mit der Vermehrung der Armeen hält die Vermehrung der Armen gleichen Schritt.

Au waih.

Mauscheles: „Au waih, itzt baut der Staat die neue Bahne, da is niz mit der Spekulation auf die Aktie; hätte doch sicher geschraubt aach auf de 15 Prozentche!"

Aaron Meyer: „„Der man hätte wieder ein hübsches Sümmche verdiene könne.""

Mauscheles: „Wie haißt? — Gewiß aach, vielleicht 40,000 Gülde, — um wenig Arbeit."

Aaron Meyer: „„Der geht neben 'naus der Profit mein' ich.""

Oeffentliche Danksagung.

Jenem edlen Menschenfreunde, welcher alljährlich Einmal in einem magistratischen Bureau einen Kronenthaler oder ein Zweiguldenstück liegen läßt, ohne Zweifel in der Absicht, der Unbestechlichkeit die gebührende Achtung zu verschaffen, sagen wir hiemit unsern gebührenden Dank!

Mehrere dadurch aufgeklärte Bürger Münchens.

Zur Notiz.

Der Andrang zum Kaufe des humoristischen Schützenblattes war so groß, daß sogar ein paar Münchener dabei gesehen worden sein sollen, gewiß der sicherste Beweis von seinem Werthe.

———————

Metamorphose.

Frankreich sagt, es habe den Krieg in Mexiko natürlich auch für die Civilisation geführt, nun aber scheint es, für die Militairisation.

———————

Frage.

Zu Kulmbach richten **die Bürger** eine Adresse an die Kammer der Abgeordneten um Aufhebung der Landwehr; dagegen sendet das dortige **Landwehr-Offizier-Corps** durch den Landwehrlieutenant Förster eine Adresse an den König um Beibehaltung der Landwehr. Ich möchte nur wissen, was die Herren Culmbacher Landwehroffiziere außerdem noch sind? und ob sie auch der arbeitenden Klasse angehören?

Theodor Hämmerle.
Hammerschmiedgeselle.

———————

Wie man hört, hat sich in der Abgeordneten-Kammer eine neue **Fraktion** gebildet. Muß denn heut zu Tage Alles in **Brüche gehen**? Man schreibt dieses Unglück dem Tragen schwarzer **Fräcke** zu. Uebrigens werden spätere **Fragmenten-Sammler** Nutzen daraus zu ziehen wissen!

———————

Klassisch-realistische Korrektur

nach (hier ist das Manuscript unleserlich).

Kabale und Liebe. (Akt 1. Scene 3.)

Louise: „Sind sie schon da, Mutter?"

Müllerin: „„Wer, mein Kind?"

Louise (schwärmerisch): „Ach, ich vergaß, daß es außer den Selchfleischknödeln auch noch Menschen gibt. Mein Kopf ist so wüste, so katzenjämmerlich. — — — Also sind sie noch nicht fertig, die Knödl?"

Zum Dichten brauchst 'n guten Kopf, —
Doch tadeln kann ein jeder — Tropf!

Schieß'n kann ein jedes Schaf,
Treff'n aber oft kein Graf.

Stehlen — das ist gar nicht schwer,
Das Verdienen — geht hart her!

Deutsche Rechtspflege.

Die Mecklenburger Landschuhmacher haben wegen Beziehung der Rostocker Jahrmärkte mit dem dortigen Magistrat den **30. September 1783** einen Prozeß begonnen, welcher schon am **22. Juni 1863** zu ihren Gunsten entschieden wurde. Da beklage sich noch Jemand über die Langsamkeit des deutschen Prozeßganges! — **Geschwindigkeit ist keine Hexerei!**

Meister Gradaus und Geselle Vorwärts.

Geselle: „Sie, gestern hat a Preuss' oder halt so Einer
g'sagt, die Bayern müßten z' Grund geh'n, wenn's 'n
Zollverein mit Preuss'n sprengen; is bös wahr?"

Meister: „„Wir geh'n g'rad' nit z' Grund, aber die preussi-
schen und sächsischen Fabrikanten und Marktschreier werd'n
sich hinter'n Ohr'n kratz'n.""

Meister: „Dös is scho zum Teuf'l hol'n, die Uhr auf der
Herzog Maxburg geht die ganz' Zeit nit vorwärts, kaum
geht's a Bisl, nachher steht's wieder 8 Tag."

Geselle: „„Ja, die wird wohl bald ganz steh'n bleib'n,
bös muß sein.""

Meister: „Wos is itzt bös wieder für a dumm's G'schwätz."

Geselle: „„Nu, der Meister moant doch die Uhr, die auf
dem Thurm oberhalb der Schuldentilgungs-Kommission
steht?""

Meister: „Ja freili, aber was hat bös?"

Geselle: „„Nu ja, die Uhr ob'n, zeigt den Funktionären
unten ihre Aussichten an.""

Meister: „Aha - a - a - a - a - a - a - a!"

Geselle: „Sie, am Festplatz drauß'n is der Eingang verrückt word'n."

Meister: „„Ja bös is was mit dem Hackerbräubier!""

Meister: „Also die neuen Eisenbahnen baut doch alle wieder der Staat?"

Geselle: „„Nu ja, d' Ostbahnen haben a dieselben Leut' baut, die z'erst beim Staat baut haben.""

Meister: „Da muß doch von g'wisser Seite eine Lehr' gewonnen worden sein."

Geselle: „„Jedenfalls die, daß zwischen Wissen und Schwätzen a großmächtiger Unterschied ist.""

Geselle: „Is denn dös richtig, daß Bayern zu Oestreich kommet, wenn's aus dem Zollverein tret'n thät?".

Meister: „„Dös ging grad' nit so geschwind, aber die im Zollverein bleiben, werd'n dann von Hrn. v. Bismark in Gnad'n pension = irt.""

Geselle: „Dös heißt, Wer bleibt — irrt, — nit?"

Meister: „„Ja, pension=irt oder mediatis=irt, ist gleich.""

Geselle: „Meister! haben's die „Bierfrag" von M. Praktikus scho g'les'n."

Meister: „„Na!""

Geselle: „Nu, Herrgott! was les'n denn Sie nacher? Dös müßen's Jhna kauf'n, nacher versteh'n Sie's erst, warum 's Sommerbier allweil so früh ausgeht."

Geselle: „Sie, Meister! wenn sich a G'sellschaft auf Einmal in ordentliche und außerordentliche Mitglieder scheidet und eine Partie wird 'nausg'schmiff'n: was für Mitglieder bleib'n nacher übrig?"

Meister: „„Jedenfalls nit die ordentlich'n!""

Meister: „I mog jetz rein kei Zeitung mehr les'n, so ärgr' i mi imma. Da schreien's von der deutschen Einigkeit und dort raufen's mit anander. I sag' halt so viel, die ganze deutsche G'schicht', wie wir 's jetzt hab'n, is a Theater, Hannswurstel und tragische Helden unteranander."

Geselle: „„A Theater? sag'n's, Moaster? — Nu nacher kann i mir die deutsche Einigkeit und den Auseinandergang vom neuen Volkstheater = Comité ganz gut erklär'n.""

Meister: „Na, dös is doch merkwürdig, itzt hat der Huber= meyerfischer ohne Geld a Haus um 30,000 fl. kaft."

Geselle: „„O mein Gott, Moaster, dös ist lauter Schwindel.""

Meister: „Itzt hab'n mer aber doch so viele Dokter in München, daß z'wundern is, daß gar koaner für den Schwindel helfen kann."

Meister: „No die Schütz'n haben se ja von den Münch= nern bedeutend mehr erwartet, hört man all'weil sag'n."

Geselle: „„Ja, die Schütz'nzeitung hat si a mehr erwartet, aber außer die Fremden hat's koan so groß'n Absatz g'funden, als der Redakteur g'moant hat.""

Meister: „Dem g'schieht's grad recht; warum hat er so feine theu're Holzschnitt und so a gute Idee machen lassen; a rechta groß a Maßkrug und a Schweinshax'n hätt a beß're Wirkung g'macht."

Meister: „Der berühmte Doktor Bloch soll ja einer be= rühmten Persönlichkeit den Bandwurm abgetrieben haben?"

Geselle: „„Ja, und die offizielle Zeitung sagt dazu, daß Doktor Bloch den Wurm durch einen ganz dazu geeigneten Ort abgeführt habe.""

Meister: „Wir werden sehen, das hinterindische Volk täuscht sich, mit seinem Tyrannen ist ja nichts anzufangen."

Geselle: „„Nichts anzufangen? Gut, dann muß man halt mit ihm ein Ende machen.""

Meister: „Nu, der bekannte chinesische Potentat soll ja das Podagra bekommen haben?"

Geselle: „„Das wird gut sein, dann kann er sein Volk nicht mehr mit Füßen treten.""

Gerüchte.

Den beiden Riesendamen Isabella aus Paris und Hyppolita nicht aus Paris gegenüber soll demnächst auch ein königlich bayerischer Funktionär zur Schau ausgestellt werden, der so mager ist, daß man den eingeschrumpften Magen und die eingegangenen Knochen an der Haut liegen sieht. Gewicht hat er gar keines.

Im hiesigen' großen optischen Institut soll nunmehr ein Fernrohr angefertigt werden, mittelst dessen man alle jene Abgeordneten sehen kann, welche **für** eine sechsjährige Finanz-Periode gestimmt haben.

Theatralisches.

Publikus: „Haben Sie erfahren, wir könnten ja jetzt eine famose Coloratur-Sängerin bekommen, wie geht's wohl da?"

Rustikus: „„Ja, wissen's, der Herr Theater-Intendant meint halt, sie sei zu theuer, eine Billigere thät's für München auch.""

Publikus: „Allerdings, eine Sängerin, welche so viel Metall in der Kehle hat, sollte nicht so nach Metall für ihre Kasse geizen."

Anzeige.

In allen deutschen Buchhandlungen des vereuneinigten Deutschlands ist zu haben:

Der bewaffnete Friede und die großen Militärübungen.

Taschen-**Ausgabe** für das deutsche Volk.

Verantwortlicher Redakteur **F. X. Weithmann.**

Druck der J. Deschler'schen Buchdruckerei.

Münchener Schalk.

(Sonntags – Beilage zum „Volksfreund".)

| III. Jahrgang. | Nr. 33. | 16. August 1863. |

Auch Diplomaten!

Schwarzer Peter: „Nu, wos is, langer Sepp! geh'n
mir ah nach Frankfurt?"

Langer Sepp: „„Ah geh' do werd'n a so gnuag so Bager
und Tagdieb' hinkimma.""

Zwickerwastl: „„„Ja und der Polizei is ah nit z'traun!"""

Schwarzer Peter: „Wißt's wos is? Dös Ding muaß
ma grob bibblamotschig angeh'n; do trapf'n ma uns vor
All'm a nobl's G'wandl. Denn dös müaßts Enk mirka,
Kamrad'n! für b' Spitzbuab'n im nobl'n G'wand hot
ma üb'rall Respekt. Also auf nach Frankfurt!"

Alle: „„Ja wohl, allsam nach Frankfurt!""

Restitutions-Gesuch
an die hohe Kammer der Abgeordneten

des

Eustachius Schnappmaier.

Ihr sehr 8bare Herrn!

I bin zwar nur a boarischer Baua, aber was Recht is, is Recht, so sag i; uns Alle freut's, daß Es so schö z'samm- halt's, aber mei Geld kann i deßweg'n nit verlier'n, dös seht's schö selber ei; d'rum muaß i scho recht schö bitt'n, daß mir die 208 fl. 14 kr. 3 hl. wieder z'ruckzahlt werd'n, die mir der Rentbeamt 'rausg'bießlt hat. Dös is nemli a so: I woaß, was um a ordentliche Wirthschaft is und sag allemal, dös viel Steuerzahl'n taugt nix; dös woaß i, weil i an groß'n Hof hab, wie's glei hör'n werd'ts; hab'n thu i ihn nimmer, i hab'n verkaft. Aber i hab in der letzt'n Viehuans-Bäriod 208 fl. 14 kr. 3 hl. z'viel Steuer zahlt, wie's glei hör'n werd'ts. Dös is nemli a so:

In oan Jahr muaß 's ganz Landl 40 Millioner zahl'n und da treff'n mi davon 208 fl. 14 kr. 3 hl. — Jetz paßt's auf! jetz wie dö Viehuans-Bäriod aus war, die allemal sakrisch lang is, — mei Bua is grad so lang Soldat g'wes'n, — da san akrat 40 Millioner übrig blieb'n, wie ma's hört und liest, also hab'n m'r d' Steuer für a ganz Jahr z'viel zahlt und treff'n mi 208 fl. 14 kr. 3 hl. raus. I bin jetz scho 3mal bei'n Rentbeamt'n gewes'n und hab mei Geld raus verlangt; moant's öbba, er hat mi zahlt? Ja, Schneck'n!

Jetz bitt i Enk, der Viehuans-Minist'r muaß dös doch ausg'rechnet hab'n, sonst könnt ma nit sag'n, es san 40 Mil- lioner z'viel da, also is a b' Steuer für a ganz Jahr z'viel zahlt word'n. Ja wissens, meine Herrn! dö san nit so dumm, als ma moant, und 's Geld eischieb'n is koa Kunst. Aber daß halt i a nit dumm bin, und raus müssen's dö 208 fl. 14 kr. 3 hl. Für was wär'n denn die Herrn Landständ da, wo all unsre Beschwerlichkeiten vorkomm'n soll'n; also san's so guat, meine

Herrn, und red'n's a ernsthaft's Wörtl mit 'n Herrn Viehnans-Minist'r, daß er mir mei Geld wieder rauszahl'n laßt, was i z'viel zahlt hab, denn was Recht is, muaß Recht bleib'n, sonst pfeuf i mir a G'setz. Denn wann's G'setz mach'n wollt's, nacher müaßt's recht mach'n, nit daß ma glei 208 fl. 14 kr 3 hl. z'viel zahlt, und seib's halt jetz so guat und sorgt's dafür, daß i mei Geld wieder rauskriag, wo i mi nacher im Uebrigens recht schö befehlen thua.

Denen Herrn Landständ

gehorsamster

Eustach Schnappmaier.

N. Sch. Sind's nur so guat, und schickt's m'r 's Geld glei auf der Post, denn mit 'm Rentbeamt'n will i in der Sach nix mehr z'thun hab'n, der hat mir scho Grobheit'n g'nuag g'macht und wenn 's Geld scho da lieget, hätt' i in zwoa Jahr no koan Kreuzer. Also b'hüt Enk Gott und macht's Enker Sach sei recht!

E. Sch.

Zweikammersystem.

(Politisches Liebeslied).

„Ei, warum zwei Kammern? — fraget,
 Liebchen, als es Zeitung las, —
Wird nicht hier und dort getaget,
 O mein Bester, sag' mir das!"

„„Wenn das Volk sein Gut ersinnet,
 Wird im Adel spekulirt —
Da man Unten was gewinnet —
 Ob man Oben nichts verliert?"„

„Nun, so will ich's auch wie diese,
 — Sprach das Liebchen gar so fein, —
Was in meiner ich beschließe,
 Muß in deiner billig sein."

„„Wie? — Zwei Kammern? — laß verwehen,
  Was dich so befangen hält,
Denn bei uns'rer Liebe stehen
  Nicht im Kampfe Herz und Welt.""

„„Darum laß den Stolz zerstieben,
  Lasse deinen hohen Sinn,
Für zwei Herzen, die sich lieben
  Reicht auch **Eine** Kammer hin.""

Dr. O. X.

Im Bureau.

Schmächtig: „Du, was ist's denn mit unserm Freund Kritzlhuber? Merkst nix?"

Mager: „„Was denn?""

Schmächtig: „Der wird ja alle Tag dümmer!"

Mager: „„Nu, da gratulir' ich ihm.""

Schmächtig: „So-o-o-o-o? Da bin ich neugierig, zu was Du ihm gratulirst?"

Mager: „„Ah, Potschi! da muß der Freund Oberpfälzer doch bald — definitiv werden.""

Empfehlung.

Denjenigen Herrn Abgeordneten, welche wegen schlimmer Aussicht auf Erfolg ihrer Anträge ein recht s a u r e s Gesicht schneiden wollen, empfehlen wir unsern bekannten B e r t r a m = E s s i g.

Mixler & Comp.

privilegirter Essigmacher.

Frage.

Wo ist denn das neuentdeckte Käsegift zu haben.

Ein Lebensmuder.

Ein realer Eisenhammer.

Frei bearbeitet nach den Anschauungen eines modernen Kunstkritikers

Ein fester Knecht war Fridolin
Und ohne Furcht vor'm Herrn
Ergeben der Gebieterin,
Der Bäurin von Habsgern.

Früh bei des Tages erstem Schein,
Bis spät die Glocke schlug
Lebt er nur i h r e m Dienst allein,
That nimmer doch genug.

Drum vor dem Knecht= und Mägde = Troß
Die Bäurin ihn erhob,
Aus ihrem schönen Munde floß
Sein unerschöpftes Lob.

Darob entbrannt' in Hansens Brust —
Des Roßknechts — bitt'rer Groll,
Dem längst vor böser Menschenlust
Die gift'ge Ader schwoll.

Er trat zum Bauern, rasch zur That:
„Was seid Ihr für ein Schaf!
„Der Friedl Eure Bäurin hat
„Und Ihr 'nen guten Schlaf!"

Der reißt das Maul auf angelweit:
„Was sagst Du da, Roßhanns?
„Der Friedl da, der treibts so weit,
„Der himmelsakra Schw—ammerling?"

Er ging in seines Zornes Wuth
Geschwind in's Schnapsbrennhaus,
Und lacht vor sich: „ja so ist's gut,
„Und nachher wir i ihn 'naus!"

Und zweien Knechten winket er
Bedeutet sie und sagt:
„Den Ersten, den ich sende her,
„Der euch um etwas fragt,"

„Dem ziehet gleich die Hosen weg
„Und setzt ihn auf den Herd,
„Und röstet ihm den hintern Fleck,
„Daß er wie a Esel plärrt."

Und drauf er gleich dem Friedl schreit:
„Geh lauf in d' Brennerei! —"
Den Roßhanns hat dieß kindisch g'freut,
Er war ganz nah dabei.

Der Friedl lauft gleich was er kann
Und lauft beim Stall vorbei,
Da schreit ihn d' Bäurin freundlich an,
Dem Knecht ist dieß nicht neu.

Auf einmal gibt's ein Heideng'schrei;
Der Roßhanns windschnell rennt
Wie närrisch aus der Brennerei,
Den Hintern ganz verbrennt.

Dem Bauern, dem wird's heiß und kalt,
Es thut ihn schrecklich reu'n;
Er holt sein Weib und bitt't sie halt,
Sie soll ihm all's verzeih'n

Und freundlich, wie er nie gethan,
Nimmt er dann Friedls Hand
Und sagt zu seinem Ehgespann
„'Nen schlimmen Freund ich fand."

„Doch der ist recht, und meint es gut
„Mit Dir, mit mir, mit Allen:
„D'rum nimm ihn halt in Deine Hut,
„Und laß ihn Dir gefallen.

Telegramme.

Paris. Neuester Plan Napoleons zur allgemeinen Beruhigung Europas. 200,000 Oestreicher und 100,000 Schweden ziehen östlich, und 500,000 Franzosen schieben vom Westen her an Deutschland, bis dieses diesseits des Rheins ist. Den hieburch entstehenden leeren Raum zwischen dem Rhein und Frankreich bekömmt Napoleon unter der Bedingung, denselben auszufüllen.

———

Berlin. Unserm Bismark ist es endlich gelungen, unsere Stellung als 5. Großmacht zu sichern; Preußen wird bei dem europäischen Polenconcert den Blasbalg treten.

———

Königsberg. Als Ergänzung zum vorigen Telegramm dient die sichere Nachricht, daß in einem geheimen Artikel Fürst Gortschakoff Herrn v. Bismark zugesichert hat, falls ihm (Bismark) der europäische Blasbalg nicht conveniren sollte, so steht ihm sein (Gortschakoff's) eigener zu Gebote.

———

Berlin. Unsere Feudalen sind sehr in Sorge, Bismark werde in Folge der Gasteiner-Bäder Gehirnerweiterung bekommen. (Noth thät's.)

———

Petersburg. Gortschakoff macht mit den berühmtesten Chirurgen Studien über die menschlichen Nasen, resp. in der Kunst, gewisse Leute daran herumzuführen.

———

Paris. Als Napoleon von den neuesten Nasenstudien Gortschakoff's hörte, lachte er laut und rief: „Warum kommt er denn nicht zu mir, das kann ich schon lange!"

———

Frankfurt. Kaum hatte verlautet, daß hier ein Congreß deutscher Fürsten statt haben soll, so hat Napoleon die Absicht kund gegeben, sofort mit dem Elsaß in den deutschen Staatenbund einzutreten.

———

München. Auch bei uns wird allenthalben auf das Eifrigste gerüstet, sogar am südwestlichen Frauenthurm.

———

Romance eines Chorsängers.

Chorist bin ich in des Regenten Sold,
Ich sing' und spiel', und bin zumeist beim Troß:
Ist nichts auch mein als nur frugale Kost: —
Doch der Kapelldirector ist mir hold!

Auch blickt der Intendant mich freundlich an,
Erleichert mir so gern die saure Bahn.
Er schmiegt wohl gar sich kosend an mich an,
Erhöht mir den Gehalt, —— so weit er kann.

D'rum sing' ich mich oft heiser für die Kunst;
Und schrumpfte mir dabei der Magen ein,
Ja, blieb mir selbst davon nur blauer Dunst:
Für diese beid' will ich geopfert sein!

Ich sing' wohl manchen auch zur Ruhe ein;
Doch denkt, wenn Ihr einst steht an meinem Sarg
Und senkt mich selber in die Grub' hinein:
Der treue Sängersmann — **vor Hunger starb!**

Eras.

———

Verantwortlicher Redakteur **F. X. Weithmann.**
Druck der J. Deschler'schen Buchdruckerei.

Münchener Schalk.

(Sonntags-Beilage zum „Volksfreund".)

| III. Jahrgang. | Nr. 34. | 23. August 1863. |

Das neue Frankfurter Morgenroth.

In Frankfurt ist die Einigkeit —
    Die deutsche — schon schier fertig;
Man ist nur noch der Allianz
    „Franz-Joseph-Wilhelm" gewärtig.

Verbrüderung des Militärs —
    Sie steht schon vor der Thüre;
Man unterhandelt eben noch
    Ueber gleiche — Stiefelschmiere.

Die deutschen Völker umarmen sich
    Und weinen vor Schmerzen und Freude;
Denn vergessen sind im deutschen Reich
    All' Jammer und Herzenleide!

— ⁂ —

Erklärung.

Ein uns abgelauschtes Gespräch wurde in entstellter und unvollständiger Form in der letzten Nummer des „Münchener Schalk" sammt unseren wohlgetroffenen Photographieen der Oeffentlichkeit übergeben. Wir haben unterdessen in öffentlichen Gastzimmern Mißfallsäußerungen dahin gehört, als ob wir mit jenem Gespräche bestimmte hohe Persönlichkeiten hätten bezeichnen wollen. Diese Anschauung ist um so unrichtiger, als wir recht gut wissen, daß zu unserem Gewerbe — Talente und Fähigkeiten gehören, die nur nach jahrelanger Uebung zum höheren Industrie-Ritterthume befähigen. — Uebrigens wissen wir nicht, warum der Referent des „Münchener Schalk" aus unserem Gespräche die Aeußerung weggelassen hat, daß wir Herrn von Bismark in Frankfurt zu sehen hoffen. Mit Hochachtung empfehlen sich den geneigten Lesern des „Münchener Schalk"

> Schwarzer Peter.
> Langer Sepp.
> Zwickerwastl.

Sprüche.

Thue recht und scheue auch den Herrn Finanzminister nicht!

> Diogenes,
> Philosoph und Nachtwächter aus Athen.

„Genieße, wenn Du kannst!"
> Göthe und die geschlossenen Bierkeller.

„Entbehre, wenn Du mußt!"
> Göthe und die noch geöffneten Bierkeller:

Preisfragen.

Wenn der Reiche ein Ochsenlendstück um 15 kr. per Pfund bezahlt, der Arme aber die gleiche Portion Wadschenkel für 12 kr. 2 dl., was ist dann ein Paragraph der polizeilichen Fleischtarifirung werth?

———

Wenn bei der Straßenkanalisirung den Bewohnern die Hausausgänge mit Steinen und Koth verrammelt werden, jeder Straßenverkehr völlig unmöglich gemacht wird, wie viel Bretternägel hat der Anordner solch' einer Arbeit unter'm Haarboden?

———

Wenn man in einer kunstberühmten Haupt= und Residenz=stadt bei allen Straßenbauten jede Communication auf Wochen lang durch Aufhäufung von fußtiefem Schmutz hemmt, wie viel Fuhren Dr — treffen dann auf ein Häuschen in einem Bauerndorf?

———

Wenn man in Paris, London oder Berlin, ja sogar in Pfeffersheim freie Räume, wie der Dult=, Karls = und Send=lingerthorplatz mit Freuden in die herrlichsten Gartenanlagen umwandeln würde, wie viel sterben dann in München mehr als sollten, in Folge der Kalkstaubwolken an der Lungensucht?

———

Die drei Wahrzeichen von München sind jetzt nicht mehr Schlegel=, Brust= und Nierenbraten, sondern Poststadel, Stachus=Garten und vis à vis.

— ·»··•·» ‹•‹«·— —

Telegramm.

München. Der Hofphotograph Albert hat vom Kaiser von China den Auftrag erhalten, den Neubau vis-a-vis vom Stachusgarten aufzunehmen. Die himml. Majestät hofft mit dieser Photographie die rothen Barbaren zu vertreiben.

—··»·> ‹·‹«·—

Aphorismen.

Das Wort „Gläubiger“ kommt von glauben. Mancher Gläubiger glaubt sein Geld wieder zu bekommen und stirbt in diesem Glauben: ergo — ist er bezahlt.

———

Der Glaube macht wohl selig, aber deßhalb könnte die Gläubiger gleichwohl der Teufel holen.

———

Die Menschen malen sich den Teufel mit Hörnern und Schwanz und vergessen, daß er oft dem schönsten Märchen gleicht.

———

Die Menschen werden — aus Schicklichkeit — schon als Kinder an das Lügen gewöhnt. Wer nur die Wahrheit sagt, verräth Mangel an Bildung.

———

Wer einen Freund sich erhalten will, sage ihm nie die Wahrheit, wenn sie ihn verletzen könnte.

———

Der Tiger hat seine Krallen, die Biene ihren Stachel, sogar die Rose hat ihre Dornen, der wahrhaft edle Mensch allein nur ist wehrlos.

———

Wer nicht denkt, ist dumm, wer aber denkt — ist nicht klug.

———

Der Spatz in der Hand ist mehr werth als die Gans auf dem Dach, darum — freuet Euch des Lebens!

———

Es gäbe kein schwaches Weib, wenn es starke Männer gäbe.

———

Die Pflanze „Mensch" kann nicht aussterben, denn der Humus lauft dem Samen nach.

———

Ein Rechtsfuchender in den Händen eines Anwaltes gleicht genau einem guten Jungen in den Schlingen eines listigen Mädchens.

———

Wegen schönen Waden vergeuden die Männer oft viel Geld und vergessen, daß solche wohlfeil beim Strumpfwirker zu haben sind.

———

Wenn ein Mädchen auf Erden keinen Bräutigam mehr zu hoffen hat, wendet es sich an den h i m m l i s c h e n, denn — an's Heirathen denkt es doch.

Laute Gedanken.

Blut kostet sie viel, aber — Andere haben auch kein Wasser vergossen.

Die Dynastie Napoleon.

———

Die bürgerliche Canaille muß sich geehrt fühlen, wenn ich bei ihr borge.

Ein Aristokrat.

———

Was haben wir in 50 Jahren gethan???

Die Gesandten am Main.

———

Ich habe mein Schleswig ꝛc. und bin v o r d e r h a n d zufrieden.

Christian Danebrogg.

———

Kinder, Kinder, gedenket mein!!!

GERMANIA.

———

Mannen, halt's z'famm'n!

Der deutfche Michl.

J bi neugierig, ob bö·a fo guat treff'n wi mir fert'n.

A deutfcher Schüß.

Wenn der Bundestag anfhört, ift unfer befter Alliirter beim Teufel.　　　　Ein Stockdäne.

Wenn man viele Kinder hat, ift meiftens ein ungerathenes b'runter.　　　　Mutter Germania.

Ehre fei dem, von deffen Gnade ich bin; da er aber nur 33 Jahre alt wurde, fo muß ich wegbleiben.

Der Vierunddreißigfte.

Auch ein Schmerzensfchrei.

Ach du grundgütiger Himmel! Unfere Glaubenseinheit ift aufgehoben; da hätt's doch noch andere Sachen aufzuheben gegeben! Hätten fie lieber den Cölibat aufgehoben, damit wir auch aufgehoben wären.

Die Pfarrerköchinnen Tyrols.

Frage: Kann Einer, der nach eigenem Geftändniß ganz und gar profaifch ift, über Kunft und Poefie urtheilen?

Antwort. O ja, aber wie halt!

Frage. Um wohlverdiente Satisfaktion zu bekommen, wie lange muß Deutfchland warten und der gefchubte Lange?

Echo. ?a·a·a·n·g·e!!!

Frage: Welche Aehnlichkeit besteht zwischen dem König Wilhelm von Preußen und dem Dr. Faust?

Antwort: Diese, daß jeder einen Mephistopheles bei sich hat.

Frage. Welcher Unterschied besteht aber zwischen demselben Wilhelm und dem Gretchen?

Antwort. Gretchen liebte seinen Faust, Germania aber liebt ihren Wilhelm nicht.

Frage. Welcher Unterschied ist zwischen dem gregorianischen und neupreußischen Kalender?

Antwort: Bei ersterem begannen die Hundstage am 19. Juli, bei letzterem mit dem 31. Juli.

Der preußische Monarch und Gefolge fuhren im offenen, v. Bismark im geschlossenen Wagen nach dem Bahnhof; die Münchener Schusterbuben sahen sich daher gezwungen, ihre Blumenbouquets wegzuwerfen.

Das alte Sprichwort: „Ein Narr macht zehn", ist dahin zu definiren, daß ein Minister so viel dumme Streiche machen kann, daß 9 seiner Nachfolger darüber verrückt werden könnten.

Jüngst besah Napoleon das Porträt des jetzigen Königs von Preußen und sagte schmunzelnd: „Noch einen solchen Alliirten und — ich habe die Rheingrenze!"

Die Preußen sind so sehr für den deutschen Fürstentag, daß sie sehnlichst rufen: „Ach, wäre doch unser König schon abgefahren!"

In Deutschland kann nichts zusammengehen, weil es sogar mehrere Zeitrechnungen gibt. So z. B. haben wir das Osterfest heuer am 5. April gehabt, die preußischen Junker aber hatten an diesem Tage erst Palmsonntag.

Wie haißt?

Ich saß mit der Jungfrau alleine
Im Walde beim sternreichen Scheine,
Und habe in duftiger Nacht
Eine moralische Eroberung gemacht.

Schnicke,
Dichter aus Potsdam.

Begegnung.

Tritschmayer: „Aber hanz, Sie! der Kaiser von Oesterreich?"

Tratschhuber: „„Ja, es is merkwürdi!""

Tritschmayer: „Und gelt'ns, der König von Preußen?"

Tratschhuber: „Ja, es is merkwürdi!""

Tritschmayer: „Ja wissen's, in Deutschland kommt man aus dene Merkwürdigkeiten gar nimmer 'naus!"

Heil der Diplomatie!

In der letzten englischen und französischen Note an Rußland bezüglich der Polenfrage, erklären Graf Russel und Herr Drouyn, daß sie nun abwarten wollen, was Rußland thue. — Armes Polen, wie elend wärst Du daran, wenn es keine Diplomatie gäbe, die Millionen kostet und keinen Pfennig werth ist in den Augen von Vernünftigen!

Verantwortlicher Redakteur F. X. Weithmann.
Druck der J. Deschler'schen Buchdruckerei.

Münchener Schalk

(Sonntags – Beilage zum „Volksfreund".)

III. Jahrgang. **Nr. 35.** 30. August 1863.

Stille Kongreßbetrachtungen.

Die Maus

> Getraut sich nicht heraus;
> Sie ist nicht so dumm, —
> Sie weiß „Warum"?

Die Eule

> Scheut des Lichtes Pfeile;
> Unter dunkelndem Laub
> Erwartet sie den Raub.

Der Fuchs

> Ist bei Tag und Nacht nichts nutz!

— ❦ —

Preßfreiheit.
Politisches Liebeslied.

Soll Dir luft'ge Sachen schreiben?
   Was Du Kluges nicht erkannst!
Daß Du Dir die Zeit vertreiben
   Und Dich unterhalten kannst.

*

Und Du willst so viele Sachen
   Plötzlich so mit Einem Mal!
Um zufrieden Dich zu machen
   Schreib' ich Dir ein ganz Journal.

*

Ein gar kitzliches Behikel!
   Hab ich wohl Gefahr davon?
„Liebe" heißt mein Leitartikel
   Und am Schluß mein Feuilleton.

*

Geh' ich in die Mäusefalle,
   Wenn ich sage, wie es ist,
Daß Du lieber mir als alle
   Fürsten dieser Erde bist?

*

Magst Dich immerhin vermessen,
   Drucken diesen Brief, mein Schatz,
Deine Lippen seien Pressen,
   Und Dein Herz der Letternsatz.

*

Ist der Brief auch ein fideler,
   Gibts zu knacken manche Nuß,
Confiscirt ihn kein krudeler
   Strenger Commissarius.

Rührende Theilnahme.

Die junge Frau.

Fürwahr, ich hab' ein neidenswerthes Leben
Und wäre wohl ein überglücklich Weib,
Hätt' ich ein Kind. — Mögt Ihr zu Gott Euch heben
Und beten, daß er segne meinen Leib!

Der Pastor.

Mein schönes Weib, Euch jetzt dieß zu gewähren,
Steh' ich im Ernste noch ein wenig an;
Was soll man Gott mit einer Bitt' beschweren,
Die sich vielleicht a u ch s e erfüllen kann.

Vor Gericht.

Amtmann   Ihre Frau Gemahlin klagte das Stuben=
mädchen, das sie aus dem Dienste entließ, wegen Lüder=
lichkeit ein; das Mädchen aber beruft sich zur Entlastung
auf Sie."

von Spitzl: „„Das Mädchen hat seine g u t e S e i t e,
allein daß es doch etwas leicht ist, kann ich aus e i g e n e r
Erfahrung nicht läugnen."""

Nur gothisch.

Das in Restauration begriffene Rathhaus bekommt, Gott=
lob! auch noch einige chinesische Thürmerl, um das reizende
Bild zu vollenden. Ueber der Eingangsthüre kommen die
Worte in ver teilter Schrift:

R a t h — a u s.

Was ist ein Luxushund?

Gattin: „Aber, lieber Mann, was sind denn eigentlich Luxushunde, für die man Steuer zahlt?"

Gatte: „„Nun, dein Moperl, der Schwägerin ihr Bologneserl, kurz, Hunde, die man nicht zum Geschäft, z. B. zur Metzgerei, Hüterei, Jagd u. dergl. braucht, sondern nur aus Luxus hat, wie z. B. meines Bruders S p i tz — reiner Luxus!""

Gattin: „Wie, deines Bruders S p i tz wäre auch Luxus? Der braucht ihn doch in der Nacht gar nothwendig bei seinem abgelegenen — Hinterquartier."

Seufzer.

Müller: „Nun, mein Lieber, wie geht's mit Ihren Gedichten?"

Schmidt: „„Ach Gott, wie mit meiner Frau, beide brauchten eine n e u e A u f l a g e.""

Ungereimtheit.

Lehrer:

Ach, wie herrlich, wie gewaltig,
Wie so groß, so vielgestaltig,
Einig, — frei, — steht Deutschland auf! —
Macht mir eine Ode d'rauf!

Schüler:

Wenn auch Alles verstfexelt,
Conferenzelt, flickt und leimt,
Zierliche Hannswürstchen drexelt,
Deutschland bleibt doch — — u n g e r e i m t.

Weg zur Würde.

Hanns: Sag mir, da Du so weise bist,
　　Wie kann denn hohe Würde ich erlangen?
Michel: Da brauchst Du nichts, als Alles anzufangen,
　　Was unter aller Würde ist.

Praktikant: „Es ist merkwürdig, welches Glück du hast, wir sind vom gleichen Concurs, haben gleiche Noten und gleiche Motive zur Anstellung, und doch bin ich noch Praktikant und du schon so lange angestellt. Wie muß ich es denn machen, daß ich vorwärts komme?"

Der Angestellte: „„Rückwärts gehen!""

Gerüchte.

Die etlichen Münchner Bierbrauer, welche noch da sind, sollen beschlossen haben, um bei dem für die hiesigen Bewohner geringen Vorrath an Bier nicht ihre Keller schon im Juli schließen zu müssen, dieselben im nächsten Jahre erst am 29. August zu eröffnen, dafür aber dann bis zum Schlusse dieses Monats dem Publikum offen zu lassen. — Allgemeiner F. Jubel! —

Herr Salamonsky im Circus Hinné soll von Herrn von Bismark eine Einladung erhalten haben, um Letzterem den Rückwärts-Saltomortale und darauf den Brückensprung einzupauken.

Man beabsichtiget, für die Leiter der hiesigen Hof- und Nationalbühne eine Sammlung zu veranstalten, da das Repertoir und die Aufführung der Stücke rein zum Erbarmen sind.

Begegnung.

von Schneck: „Herr von Bismark hat ein Werkchen über deutsche Politik geschrieben, das aber erst nach seinem Tode veröffentlicht werden soll."

von Schnack: „„Das muß etwas Famoses sein. Da habe ich den sehnenden Wunsch, es recht bald — — recht bald — noch diese Woche zu lesen.""

— ·—

von Schneck: „Nun hat ja das Finanzministerium ein Generale erlassen, wonach die Rentämter die mangelhaften Notariats = Urkunden bei Umschreibungen zu prüfen und eventuell neue notarielle Verhandlungen zu veranlassen haben. Es ist merkwürdig, wie noch die Landgerichts = Oberschreiber das Notariatswesen besorgten, hat man von so vielen Fehlern und Irrungen nichts gehört, nur daß es zehnmal weniger Kosten machte."

von Schnack: „„Aber, mein Liebster, die Landgerichts= Oberschreiber waren ja keine Juristen. Das ist wohl zu bedenken.""

——➤◄——

Depesche aus Frankfurt.

Die Gluthitze, welche beim Einzuge der Fürsten herrschte, hat sich seit dem Tage der ersten Sitzung verloren, es tritt bereits leichte Kühle und viel Wässeriges ein.

——●●●——

Die Allgemeine Augsburgerin schreibt: In Paris **herrsche** ein noch nie dagewesener **Luxus**, der auch in Deutschland seine Früchte trage und großes Unglück bringe. — Napoleon, welcher in Paris allein herrscht, ist also ein Luxus? Auch Recht! —

      Kugelmeyer, Gelehrter.

——◆——

Ein dummes Geschwätz.

Mixhuber: „Aber geltens, i habs glei g'sagt, der König
von Dänemark kommt nicht nach Frankfurt."

Hubermaxl: „„Is a viel schöner, wenn er net dort ist,
aber die Königin von Spanien kommt bald — — —""

Mixhuber: „Hahaha! Sie Pinsel Sie, was soll denn die
dort?"

Hubermaxl: „„Lassens mi nur ausreden, i sag die Königin
von Spanien kommt bald — nieder. —""

Mixhuber: „No, dös hört ma alle 10 Monat, wie paßt
dann bös zu Frankfurt?"

Hubermaxl: „„Daß ma bei alle Zwei woaß und net woaß,
was 'rauskommt.""

Meister Gradaus und Geselle Vorwärts.

Geselle: „Haben's Sie 's g'les'n, Meister, wie's in Leipzig
zuganga ist beim deutschen Turnerfest und was der Frankfurter Senat nit alles zu Ehren der Fürsten thuat, und
hier — haben's die Festivität g'seg'n beim Kaisereinzug?"

Meister: „„Woher soll denn in München d' Begeisterung kommen, wenn's Hofbräuhaus zua is!""

Geselle: „Meister, warum sagt man denn, daß in München
bei allen politischen Sachen und Festen so lustig is?"

Meister: (lacht) „„Weil sich d' Münchner bei solchen G'legen-
heiten allemal heimgeig'n lass'n.""

Meister: „Das neue Theater soll also grad vis-a-vis dem
englischen Café gebaut werden?"

Geselle: „„O du mein Gott: wie gut wird erst nachher
das Bier dort werden!""

Meister: „Daß itzt die Frauenzimmer, die den ganzen Tag
über nichts thun, Abends in den Gärten und Kellern
stricken?"

Geselle: „„Dös g'schieht blos, damit's den Herrn ungenirt
zeigen können, wie groß ihre Waden sind.""

Meister: „Aha! b'rum stricken's meistens der Mutta ihre
Strümpf."

Meister: „Nu, itzt hab'n wir ja an Fürstencongreß in Frankfurt, da wird Deutschland sicher einig."

Geselle: „„Ja, Oesterreich geht halt satrisch voraus.""

Meister: „Der Schmerling ist halt dem Bismark wieder
vorauskomma."

Geselle: „„No, itzt dös is koa Kunst nimma.""

Geselle: „Aber die Reichskammer hat alterthümliche Sachen,
Meister, und die Rarität!"

Meister: „„Is meist eingebildeter Werth, nur was für Liebhaber. Uebrigens meinst du b' Schatzkammer, Gimpel!""

Geselle: „Weil i grad dalketer Weise Reichskammer g'sagt
hab, was meint man denn damit, daß diese erstarrt?"

Meister: (lacht) „„Das will sagen, daß wir damit g'fror'n
sind.""

Geselle: „Meister, haben's die Sach vom Dr. Matz g'les'n,
wegen die Fleischgattungen in Paris und London."

Meister: „„Ja, bös ist sehr vernünftig und gerecht, und wird
jetzt wohl bei uns a eing'führt werd'n.""

Geselle: (pfiffig) „Da is nix, Moasta, d' Ochs'n leid'ns nit."

Verantwortlicher Redakteur F. X. Weithmann.
Druck der J. Deschler'schen Buchdruckerei.

Münchener Schalk.

(Sonntags-Beilage zum „Volksfreund".)

III. Jahrgang. **Nr. 36.** 6. Sept. 1863.

Mondschein-Gedanken.

Ich weiß nicht, was soll es bedeuten,
　　Daß ich so traurig bin?
Ein Sprichwort aus uralten Zeiten —
　　Das kommt mir nicht aus dem Sinn.

Ich begegnete vielen Schweinen,
　　Und „Schweine bedeuten Unglück";
Was wird das Schicksal wohl meinen? —
　　Frag' ich mit bekümmertem Blick.

Da hör' ich ein heiseres Heulen
　　Zum freundlichen Monde empor: —
Laß mich, Mond! deine Heiterkeit theilen;
　　Wer sich grämet, der ist ein Thor!

Erklärung.

Um seit lange umlaufenden irrigen Nachrichten zu begegnen, erkläre ich hiemit, daß der Strick, der mir geschickt worden sein soll, eigentlich kein Strick, sondern eine seidene Schnur war, und daß man die Bedeutung eines solchen Geschenkes bei uns nicht so auffaßt, wie es in der Türkei geschieht und wie man heutzutage in ganz Deutschland es wünscht.

Schufterle,
aus der Chur-Mark.

Begegnung zweier Viehhändler.

Friedl: „No, machst du ah G'schäft'n?"

Seppi: „„Jo freili, i brauchet halt a schön's Stuck Vieh.""

Friedl: „Do hätt'st jo scho lang zu mir kimma soll'n!"

Seppi: „„Is recht, Friedl! Wennst d' an recht'n Ochs'n siehst, denk holt an mi!""

Reise-Notiz.

Als John Lander, der berühmte Afrika-Reisende, vor Wilden das Waldhorn blies, wunderten sie sich, **daß eine Schlange so schöne Töne hervorbringe, wenn man sie in den Schwanz beiße.** Unsere europäischen Wilden wundern sich über dergleichen nicht, — im Gegentheile: sie blasen selbst Alle in **Ein Horn.**

Teufels-Entsagung.

In Hoya, im Hannöverischen, stellt der dortige Super-Intendent solchen Eltern, welche sich an die ältere Taufformel halten, immer noch **„Damen zur Verfügung, welche dem Teufel und seinen Werken entsagen."**

Auf dem Tandelmarkt.

(Die Köchin eines Landpfarrers feilscht um einen alten Tschako.)

Tändler: „Da wollen's g'wiß a Vogelscheuch' aufstell'n, Jungferl?"

Köchin: „„Na, wissen's, bei uns gibt's so viel Diebs= und Bettelg'find'l, und der Herr Pfarrer is so guat, ver lasset si auszieh'n, und auf's Alter müss'n m'r doch a denka, wenn ma nix mehr verdienen kann.""

Tändler: „Jo, aber da versteh' i no allweil nit, zu was denn do der alte Tschako hilft?"

Köchin: „„Jo schauen's, den stell' i an die Hauptbetteltag grob auf'n Fensterfims, nocha moanan's, 's is a Schandarm bei mir herinn und traut si koans mehr zum Haus her.""

~~~~~~~~

Ein Lied,
beim Mondschein zu singen.

Der Wind, der weht,

Der Hahn, der kräht,

Der Fuchs faß auf dem Zaune;

An's Fenster schlich

Franz Josef sich:

„Mach auf, Germania! Braune!"

Im Hemdelein

Ließ sie ihn ein,

Germania, die Braune!

Kein Wind mehr weht,

Kein Hahn mehr kräht;

Der Fuchs sitzt auf dem Zaune!

Ausruf:
„Ja so hätt' ich sie ooch jenommen!"

Wilhelm.

Kühner Entschluß.

„Wir werden nur mit blut'gem Eisen!"

Bismark.

Erinnerung.

„Da g'hör'n Leut' dazua!"

Ein Münchener.

Warnung.

„O du Geschlecht der Ewigblinden
„Mit dem aufgeschloss'nen Sinn!"

Kassandra.

Filax und Dian.

Filax: „Du warst ja auch in Frankfurt, Dian?"

Dian: „„Das will ich meinen!""

Filax: „Nun, wie hat's dir denn dort gefallen?"

Dian: „„O, Freund! das war ein Leben! Genüsse in
Hülle und Fülle, und — Ein Herz und Ein Sinn!
Wahrhaftig, gleich den Göttern des Olympus, wenn sie
bei Nektar und Ambrosia schwelgten.""

Filax: „Ja, da waren die Himmlischen freilich einig, aber nach=
kamen sie sich doch immer wieder in die Haare."

Dian: „„Ei, was schadet das den Himmlischen? Sie hetzten
für ihre Händel doch nur die armen Sterblichen an=
einander.""

Filax: „„Auch wahr!""

Die drei Impf-Freunde.

Erster Freund: „Ich sage Ihnen, meine Herren, ich kann diese Agitation, diese radikale Wühlerei gegen den Impf=zwang durchaus nicht begreifen."

Zweiter Freund: „„Man höre nur diese absurden Be=hauptungen von Uebertragung bösartiger oder fremder Stoffe!""

Dritter Freund: „„„Ich frage Sie, meine Herren Col=legen! wenn man zum Beispiel von **Einem aus un=serer Mitte** das Gift auf die Anderen über=tragen würde: Wer möchte wohl behaupten, daß **uns** ein **fremdartiger Stoff** zugeführt worden sei?"""

Distichon
auf
einen bockbeinigen Kutscher.

Leberleidend und schwach kutschirte der Kutscher nach
Gastein;

Leider lebend und schwach fuhr er -- ach! — wieder
zurück!

Eine Anschauung,

wie sie bei den despotischen Regenten in Central-Afrika herrscht.

Erst nimm dem Volke alle seine Rechte,
    Dann gib ihm wenig tropfenweis zurück:
Es wirft sich hundertmal vor deine Füße,
    Und preiset jubelnd — dankend dir — sein Glück!

Meister Gradaus und Geselle Vorwärts.

Meister: „Nu, du, die Koburger Zeitung sagt, daß der Kaiser in Frankfurt der Liberalste war und daß grad die Mittelstaaten an Radschuh eing'legt hab'n."

Geselle: „„Aber Sie, Moaster! mit'n kaiserlich - österreichischen Liberalismus - Wagen, g'sperrt durch 4 mittelstaatliche Radschuh, müßt' ma doch an ganz'n Blocksberg schnurgrad runterfahr'n können, ohne daß Einem a Haar gekrümmt wird? — Und was sag'n denn die mittelstaatlich - obviehziöl Zeitungen zum Vorwurf der Koburger Zeitung? Die müß'n doch dafür einsteh'n?""

Meister: „Einsteh'n? Da heißt's nix mehr einsteh'n, — da heißt's eingestehen."

Geselle: „„Ja, gelten's! 'n bay'rischen Liberalismus sieht ma halt nur in Bayern.""

Meister. „Daß jetzt bei dem allgemeinen Einigkeits = preußen=
losen = Deutschlands = Freiheits = Delegirten = Versammlungs=
F. Jubel unsere privilegirten Hofdichter no koan deutsch
Verserl auf's Tapet 'bracht hab'n?"

Geselle: „„Ja dös hab i halt scho oft g'hört, daß ma si
do nit dazu zwing'n kann."

Meister: „Was? nit? Zwing'n — sing'n; zwung'n
— xung'n; Zwang — Xang; warum soll denn dös
nit geh'n."

Geselle: „„Sie, dös wenn's druck'n lass'n, da werden's
glei konfiszirt bei der jetzigen Censur."

Meister: „O Esel!"

Geselle: „„Meinen's vielleicht mich?""

- - - — —

Geselle: „Warum is denn der König von Preußen nach
Gastein ganga?"

Meister: „„Na, um seine G'sundheit herz'stell'n durch's
Bad.""

Geselle: „Oho, den greift die ganze öffentliche Meinung
nit an, vielweniger so a Wasserl."

Geselle: „Sie, warum kann ma denn dem Redakteur die
Stiefel nit eng g'nug mach'n?"

Meister: „„Wahrscheinlich, daß er für 'n Druck von oben
'n Gegendruck von unten hat.""

- — —

Meister: „Also errichten's ißt wieder zwei Banken."

Geselle: „„No bei dem großen Schwindel, den die Leut'
ißt haben, können sie 's scho brauchen."

Meister: „Ah so, du moanst zum Niedersitzen, daß net
so schnell umfall'n."

Geselle: „„No, zum Sitzen lassen sind's a guat.""

Meiſter: „Haſt's g'leſ'n? der Bismark is im grünen Baum abg'ſtieg'n, der dem frühern Kammerdiener vom Churfürſt'n von Heſſen g'hört."

Geſelle: „„Nu, da hat er doch was lernen können; denn der Kammerdiener is der, der alle Tag auf b' Letzt' mit 'm Herrn umgeht und der alſo auch 'n letzten Eindruck mitnimmt.""

Meiſter: „Ich wär' nur neugierig, was für 'n letzt'n Eindruck der Bismark von Berlin a mal mitnimmt."

Geſelle: „„Sie, Moaſter! zu **dem** letzt'n Eindruck möcht' i mei Sentimentalität nit herleih'n.""

Meiſter: „Du, dösmal hoben's aber in München die Deutſch'n rausg'hängt."

Geſelle: „„Jo mei, dös is jo nix Neu's; die Deutſch'n werd'n jo ſcho lang überall nausg'ſchmiſſ'n und g'hängt.""

Meiſter: „Dummer Kerl! i moan ja d' Fahna."

Geſelle: „„Ja ſo!""

— • ◦ • —

Ehre, dem Ehre gebührt!

Ich habe dieſer Tage in einem bayeriſchen Eiſenbahn= wagen ein ſo kräftiges **Bibel=Traktätlein** gefunden, daß mir ſelbſt ſchier das Herz davon weich geworden wäre: und das will viel ſagen! Darum fühle ich mich ver= pflichtet, die darauf verzeichnete Firma zur öffentlichen Kennt= niß zu bringen:

„**Baſel, bei Dr. Marrivth**",

„wo auch eine große Auswahl kleiner chriſtlicher „Schriften und ein Depot von Bibeln und Teſta= „menten zu finden iſt."

Mit gehörigem Reſpekt!

Der Schmied von Kochel.

Verantwortlicher Redakteur **F. X. Weithmann.**

Druck der J. Deſchler'ſchen Buchdruckerei.

Münchener Schalk.

(Sonntags-Beilage zum „Volksfreund".)

III. Jahrgang.   **Nr. 37.**   **13. Sept. 1863.**

Die Meineidigen.

Amayr: „Ich sage Ihnen: der Gedanke ist kostbar, erhaben, kühn!"

Behuber: „„Ja, der Gedanke ist köstlich, himmlisch, göttlich!""

Amayr: „Ich will ein Rhynozeros sein, wenn nun das einige Deutschland nicht bald fertig ist!"

Behuber: „„Heißen Sie mich ein Kameel, wenn in 4 Wochen nicht der deutsche Kaiser auf seinem Throne sitzt.""

Amayr: „Lieber Herr Behuber! fühlen Sie nichts? Mir wird's ganz haarig um's Herz."

Behuber: „„Wahrhaftig! ich theile ganz dasselbe Gefühl.""

Amayr: „Es wäre schrecklich, wenn sich **in der Geschichte** **wirklich Haare finden sollten!"**

——⋙⋘——

Die deutsche Frage.

(Politisches Liebeslied.)

Das deutsche Mädchen nenn' ich mein,
    Das meines Traumes Bild,
Die Freiheit muß sein Banner sein,
    Die Einigkeit sein Schild.

Ein Mädchen, das für's Ganze glüht,
    Kein Mädchen der Partei,
Ob es aus Norden oder Süd,
    Das gilt mir einerlei!

Es fühle aus des Wechsels Flucht,
    Daß Einheit Kräfte gibt;
Ich sei das Centrum, das sie sucht,
    Der Eine, den sie liebt.

Kein blinder Vortheil darf es sein,
    Nur eig'ne Willenskraft;
Denn nur die Freiheit ist's allein,
    Die Glück und Eintracht schafft!

Bald führ' ich es zum Hochzeitsschmaus,
    Des schönen Bundes werth;
Denn als ich fragt' nach seinem Haus,
    Nach seinem Heimathherd:

Da rief von Liebe es entbrannt
    Auf meine Frage gleich:
„Wo du bist, ist mein Vaterland,
    Das ganze deutsche Reich!"

                                GERMANICUS.

Conservative Briefe.

(Diese Briefe wurden von der geheimen europäischen Centralregierung aufgefangen, liegen in ihrem geheimen Archive und verbreiten über gewisse Geheimnisse ein Licht, das selbst für Solche ausreichen dürfte, die schon am Erblinden sind.)

I. Brief.

St. Petersburg, 29. Juli 1863.

Lieber Bruder Pariser!

Wenn die Geschichte noch lange so fort geht, dann geht sie aber gar nicht mehr lange so fort. Wie angenehm hat sich's sonst in Rußland gelebt, wie hat der schmutzige Haufe so pflichteifrig für uns geschwitzt und mit Kleienbrod sich begnügt; und jetzt wollen die Hunde auf Einmal alle frei sein! Und die Polen auch noch dazu! Ja, der Geist der Revolution geht durch ganz Europa, und wie soll man ihn beschwören? Bei uns in Rußland und bei euch in Frankreich ist's noch gut: wir können doch Soldaten machen, so viel wir wollen; aber in diesen verdammten konstitutionellen Ländern, da wollen sie kein Geld mehr dazu hergeben. Sieh nur nach Preußen! Das schöne Heer — und die bürgerliche Canaille will nicht mehr dafür bezahlen! — Wir müssen unsere stehenden Heere retten, — oder die Revolution siegt und wir sind verloren!

Also lieber Bruder Pariser! Du warst immer der Gescheidteste von uns, und zur Zeit der Gefahr ist Dir immer das beste Mittel eingefallen. Nur eine Komödie für den Pöbel, — und dann — Blut nicht schonen — im Gegentheil! Grüßt

Dein

St. Petersburger.

II. Brief.

Paris, 1 August 1863.

Lieber Bruder Berliner!

Eure Staats- und Kapital-Verlegenheiten gingen mir längst zu Herzen, und ich habe darüber nachgedacht, wie zu

helfen sei. Denn dem revolutionären Gesindel darf man die
Oberhand nirgends lassen: es reicht sich die Hände durch ganz
Europa! Ohne Soldaten ist es vorbei mit unserem konser=
vativen Prinzip, und der Konstitutionalismus bringt uns um
all die schönen Paraden und Aufzüge, und — um unsere
Macht. Also, was ist anzufangen? Auch der Bruder Peters=
burger stellt diese Frage an mich und wünscht einen guten
Rath. Meiner Seel! was braucht's da viel Kopfzerbrechens?
Man macht's eben, wie man's immer gemacht hat. Wir
schicken uns recht grobe diplomatische Noten, wir stellen uns
Ultimatums, wir sorgen dafür, daß die ganze Geschichte in die
Zeitungen kommt und ein rechter Höllen=Kriegs=Spektakel auf=
geschlagen wird, und die Komödie ist nahezu fertig! — —
Die verschiedenen Vaterländer sind in Gefahr, für's Vaterland
opfert man Gut und Blut mit Freuden, die nothwendigen
Millionen werden genehmigt, die Offizierspatente werden unter=
zeichnet, die Kriegsheere sind fertig und die Macht ist wieder
unser, ob wir nun schlagen lassen oder nicht. Uebrigens wäre
ich schon einmal wieder für einen tüchtigen Aderlaß: das Ge=
sindel wächst ja schnell wieder nach! Wie immer

Dein

Parifer.

III. Brief.

Berlin, 3 August 1863.

Lieber Bruder Wiener!

Es ist die höchste Zeit, daß wir einmal etwas Ernstliches
anfangen; denn dieses Schmollen und grobe Noten schreiben
hilft nicht mehr. Das gibt uns Alles nicht den Vorwand,
ein solches Heer auf die Beine zu bringen, wie wir es zur
Niederdrückung des — in ganz Europa überhand nehmenden
revolutionären Gesindels nöthig haben. Es muß also jetzt
Etwas auf die Bretter gebracht werden, das Aufsehen macht.
Man muß glauben machen, daß wir ernstlich böse auf einander
sind. Es muß etwas ganz Neues, etwas recht Ueberraschendes,

etwas recht Großartiges sein, — kurz: eine göttliche Ko=
mödie! — Also strengt nur eure Köpfe an, die Metternich=
ische Weisheit ist noch nicht ausgestorben!

Apropos! Es macht — glaube ich — gar nichts, wenn
wir auch ein wenig Krieg bekommen. Für unsere Freundschaft
ist Demokraten=Blut der beste Kitt! Also vorwärts!

Dein
Berliner.

IV. Brief.

Wien, 5. August 1863.

Lieber Bruder Berliner!

Zuschriften im Sinne Deines letzten Briefes habe ich von
allen Seiten bekommen; wir sind also jetzt Alle insgesammt
einverstanden. Für das Vertrauen, das ihr mir geschenkt habt,
daß ich die Komödie in Szene setzen soll, will ich euch durch
eine glänzende Ueberraschung belohnen. Die Komödie im
eigenen Hause fortzusetzen und zum eigenen wie zum gemein=
samen Zweck auszunützen, insbesondere aber zum Verderben
der Demokraten, das ist Eure Sache. Ich weiß, wie ich meinen
Hund zu führen habe. Daß nur Keiner von Euch so unge=
schickt ist und meint, was ich aufführen lasse, sei ernst; es muß
eben täuschend sein! — Aber dafür bin ich entschieden, daß
wir einen tüchtigen Krieg machen, in welchem die „Patrioten"
freiwillig fallen! Ganz der Deinige!

Wiener.

—⚫—

Bescheidene Frage.

In welchem Zusammenhange stehen wohl:
Ortner's Lied „An Deutschland"
und die
Ortner'sche Ruine
gegenüber dem Ostbahngebäude in München?

Schnoferl.

Straßen-Gespräche.

(Zur Zeit, als München dekorirt war.)

Franzose: Warum mach sie in das Stad so viel Dekorir?"

Packträger: „„Nu, weil der österreichische Kaiser die deutsche Einigkeit g'macht hat."„

Franzose: „Ha-ha-ha-ha! Deutsche Einigkeit maken nur **unsere Kaiser!** — — — Und was hängen eraus so viele Farb bei die Haus?"

Packträger: „„Nu, dös sind die deutsch'n Farb'n, und die bayrisch'n Farb'n, und die Stadt-Farb'n, und da sind"„ —

Franzose: „Hör Sie nit auf, Sie Gimpel? Sprechen von deutsche Einheit und geht Sie das Athem aus, zu zähl alles Farb, was hängt Sie heraus auf Straßen!"

———

Knicker: „Nach den Zeitungen sind ja jetzt all die trüben Nebel verscheucht, welche uns die Aussicht auf den Frieden nahmen?"

Knacker: „„Aber Sie, da bin ich begierig, wenn **die** Nebel 'runter kommen, was wir da für ein Gewitter kriegen!"„

Schwunghuber: „Aber das muß ich sagen, du hast deine Wohnung famos dekorirt, und wenn du auch ein königlich Bediensteter bist, so hat man doch sicher nichts so Nobles erwartet. Kurz, du thatest mehr als du schuldig warst!"

Glanzmeyer: „„Schuldig warst? Ha, Thor! Ich bin noch schuldig, was ich that!"„

———❦———

Telegramme.

Paris. Im Laufe der vorigen Woche wurden wieder mehrere Blätter verwarnt.

St. Petersburg. Gegen die Presse werden die strengsten Maßregeln ergriffen: Sibirien hat Mangel an Journalisten und soll eine derartige Kolonie gegründet werden.

Warschau. Abermals sind alle Druckereien durchsucht und alle Zeitungen und Druckschriften weggenommen worden.

Berlin. Mehrere Zeitungen wurden konfiscirt, die übrigen wurden verwarnt. Eine Anzahl von Redakteuren hat aufgehört zu schreiben, die andern — sitzen.

Wien. Von den mit Gefängnißstrafe belegten Redakteuren sind nur noch wenige in Haft; es werden bald mehre nachkommen.

München. Vor die Schranken des gegenwärtigen Schwurgerichtes werden nur zwei Redakteure gezogen.

Nürnberg. Der Redakteur des „Nürnberger Anzeigers" wird auch schwurgerichtet.

Frankfurt. (Offiziell:) **Die deutsche Presse erfreut sich der vollsten Freiheit!**

* * *

Meister Gradaus und Geselle Vorwärts.

Meister: „Warum bringt denn der Volksfreund keine Kritiken mehr vom Theater?"

Geselle: „„Ja, kein' Gastrechts-Sperrsitz wird er halt nit hab'n, und a Geld ausgeb'n ist der jetzige Schund wahrlich net werth, den 's aufführ'n.""

Meister: „Warum bringt er aber ah keine Kritiken von der Kunst-Ausstellung?"

Geselle: „„Ja, heutzutag duld'n die Künstler nichts, als Lobsudler, und jeden Komposthauf'n soll ma für an Akazienbaum bewundern. Dös thut der „Volksfreund" nit und da er an der Kunst=**Ausstellung** wahrscheinlich viel Ausstellungen z' machen hätt', so ist er lieber gar still.""

Meister: „Dös is ah heutzutag 's Beste und dabei wird no so mancher Esel a Dokter werden."

————

Geselle: „„Sie Meister! hab'n Sie's g'les'n, daß der Kaiser von Oestreich 'n öffetliche Beicht abg'legt hat, wie er von Frankfurt nach Wien komma is?""

Meister: „Ah, geh! 'n öffentliche Beicht! so dumm is der Kaiser nit!"

Geselle: „„Wenn ich's Ihne sag! Er hat g'sagt, „daß **er in Frankfurt die Interessen Oesterreich's auf's Beste gewahrt habe.""**

Meister: „Und **von Deutschland** hat er gar nichts g'sagt?"

Geselle: „„Kein Wörtl!""

Meister: „Für die Ostreicher mag's scho angenehm sein, wenn ER in Frankfurt für sie g'sorgt hat: aber für uns Deutsche müß'n die **deutschen Interessen** doch mehr Werth haben, als die **Papier=Interessen Oest= reichs!"**

Geselle: „„Für uns arme Teufel scho; aber wissen's für **Die** halt, die ganzi Schubkarr'n voll österreichische Papier hab'n, da gehn **die deutsch'n Interess'n scho hinten nach!""**

———————
Verantwortlicher Redakteur F. X. Weithmann.
Druck der J. Deschler'schen Buchdruckerei.

Münchener Schalk.

(Sonntags-Beilage zum „Volksfreund".)

III. Jahrgang.   Nr. 38.   20. Sept. 1863.

Die Königshunde und der Igel.

Es bellet sich der Kläffer Schaar
    Um einen Igel ganz heiser;
Es sträubt sich ihnen vor Wuth das Haar, —
    Doch werden sie nicht weiser.

Sie beißen sich die Mäuler wund,
    Sie möchten ihn gerne morden:
Doch bleibt der Igel dabei gesund;
    Denn er ist im Stechapfel-Orden.

Bellt nur, ihr Hunde! und beißet zu,
    Wenn euch nach Blut gelüstet:
Der Igel ballet sich im Nu,
    Ist ringsum wohl gerüstet.

Was ist Wahrheit?

Als der Beste, der auf Erden
Jemals ist als Mensch gewandelt,
In dem Richthaus des Satrapen,
Eines Heiden, ward verhandelt;
Als mit Fragen Er bestürmet,
Ob Er „Rechtens" denn auch lebe?
Ob sein Wandel und sein Lehren
Oeffentlich nicht Anstoß gebe?
Und Er kurz und sicher spricht,
Daß er für die „Wahrheit" ficht: —
Wendet sich Pilatus zweifelnd,
Spottend zum erhab'nen Meister:
„Was ist Wahrheit?" — D'rauf den Juden
Christum und Barabbas weist er,
Daß sie Einem von den Beiden
Wieder seine Freiheit schenken,
Weil um Ostern sie der Freiheit
Von Egyptens Joch gedenken.
Und Barabbas, jenem Räuber,
Ward die Freiheit angetragen, —
Christus aber, der Gerechte,
Andern Tag's an's Kreuz geschlagen.

„Was ist Wahrheit?" ruft ein Richter; —
„Klüglich werde sie erhoben!
„Laßt die Zeugen, die wir hören,
„Beim Allwissenden geloben,
„Daß sie nichts als Wahrheit reden!"
Und es trifft die Wucht der Worte
Schwer verdammend den Beklagten,
Und er büßt am dunkeln Orte! — —
Doch die Zeit enteilt auf Flügeln,
Und ein Jahr ist kaum entronnen,
Bringt die Macht der Eumeniden
Ein Verbrechen an die Sonne! —

Wenn die Schuld der falschen Zeugen
Steht vor ihm mit aller Klarheit,
Ruft der Richter voll Verwirrung
Und Bestürzung: „Was ist Wahrheit!"

Von des hohen Tempels Wänden
Hallt das Wort der Liebe wieder,
Und den Allerhöchsten preisen
Lobeshymnen, Dankeslieder;
Und die gläubig fromme Seele
Liegt anbetend am Altare,
Schauet mit des Glaubens Auge
Priesterlehre als das „Wahre!" — —
Aber wie, wenn von dem Munde,
Der das Wort des Friedens kündet,
Bruderhaß und Bruderfehde
Frevelhaft wird angezündet?
Wenn die Hand, heut' Segen spendend,
Morgen sich mit Mammon füllet?
Wenn kein Opfer dieses Molochs
Nimmersatten Hunger stillet?
Wenn Betrug und Hinterlisten
Christi reines Wort entweihen?
Wenn die eig'nen Frevelthaten
Fleißnerworte Lügen zeihen?
„Was ist Wahrheit!" endlich ruft
Ehrenmann so als wie Schuft.

❦

Gesundheits-Berichte.

Paris. Allgemeine Entkräftung und Schwindel sind seit geraumer Zeit hier die herrschenden Krank-
heiten.

Madrid. Von Entkräftung weiß man hier nichts;
denn es gibt noch immer gesunde Jungen. Aber v i e l
Schwindel.

London. Man leidet hier stark an Nachlaß — nicht der Kräfte — sondern der Sympathie für die armen Polen; noch stärker aber ist — die Nachfrage nach Baumwolle.

Stockholm. Was man hier noch immer am Schmerzlichsten empfindet, das sind die — Finnen!

Kopenhagen. Hier weiß man seit fünfzig Jahren nichts von einem herrschenden Leiden; denn man heilt alle Schmerzen mit dem Zauberspruch: Thue Unrecht und scheue den deutschen Michel! (soviel wie „Niemand"!)

Petersburg. Seitdem Gortschakoff aus den diplomatischen Noten der deutschen Großmächte ein polnisches Schwanenlied komponirt hat, befindet sich Alles sehr wohl!

Warschau. Die Menschen sind hier gesund; aber wegen Wuthausbruch müssen fortwährend russische Spitzeln abgeschlagen werden.

Wien. Nachdem der Frankfurter Schwindel glücklich überstanden, leidet man an allgemeiner Niedergeschlagenheit.

Frankfurt. Seit der letzten Schwindel-Epidemie leiden die Frankfurter Geldsäcke an Blähsucht.

Berlin. Hier ist das Bis-Mark-Leiden vorherrschend. Der höhere Blödsinn ist nur sporadisch.

Karlsruhe. Hier ist, Gott sei Dank! Alles gesund, — wie die Glieder so auch das Haupt!

Kassel. Geprügelte Kammerdiener.

Feldmoching. In Folge der üblen Dünste, welche uns ungünstige Winde von München her zuführen, herrscht hier Schwindel mit Schlafsucht, Erbrechen und Durchfälle.

München. Der Frankfurter schwarz-roth-goldene Schwindel ist in eine allgemeine Leck-Manie übergegangen. In Folge dessen brauchen sich die Großen keine Stiefel mehr putzen zu lassen. Im Uebrigen wäre Alles — zund!

— ❊ —

Bedenklich!

„Jetzt studier' ich Tag und Nacht ununterbrochen, worin denn die großen Resultate des **Frankfurter Fürstentages** bestehen sollen, und ich kann **nichts** herausstudieren! Das muß ich sagen: dieser **schwarz-roth-goldene Schwindel** ist sehr bedenklich! Zuletzt wird er **sogar mir zu dumm!**

Ultramontan.

Ueber'm schatt'gen Berge
    Liegt ein Häuschen klein,
Birgt in seinen Wänden
    Mein lieb Schätzelein.

Wenn die Abendröthe
    Meinen Gibel malt
Und auf Thal und Oede
    Dämm'rung niederfallt:

Zieht es mich hinüber,
    Reißt es mich bergan,
Geht mir nichts darüber;
    Bin — ultramontan.

Probates Mittel.

A. Wie gern würd' ich Matros', doch fürcht' ich weit und
breit

    Kein Uebel gar so sehr als wie die Seekrankheit.

B. Ei, engagire dich bei uns'rer deutschen Flotte,

    Da bleibst du davon frei, ich schwör' s' bei meinem
Gotte.

Confessions-Sache.

Pfarrer: Ist's möglich, daß ein christkatholischer Mann

    Auch in der Fasten Fleisch verspeisen kann?

Bürger: Katholisch ist die Seele zwar entbrannt,

    Jedoch mein Magen ist ein Protestant.

Heinz und Murrner.

Heinz: „Du!"

Murrner: „„Was?""

Heinz: „Nichts!"

Murrner: „„Jetzt das dumme Geschwätz!""

Heinz: „So, red' nur recht radikal! wirst gleich 'n Preß=
prozeß am Hals haben."

Murrner: „„Einen Preßprozeß wegen dem Reden? Das
käm' mir doch dumm vor!""

Heinz: „Ja mir kommt auch Viel dumm vor!"

Freie Association.

(Politisches Liebeslied).

Liebchen, laß dich nicht bethören,
   Komm zu deinem Liebsten her,
Kein Gendarm kann es dir wehren
   Und sogar kein Comissär.

Sprechen Nichts von dem Minister
   Nichts von Bayerns Politik,
Aber unser still Geflüster
   Hat die freie Republik;

Um die Ehe zu beflügeln,
   Welche nun des Goldes Macht
Festhält in den straffen Zügeln
   Und in seiner Willkühr Macht.

Aber solche Liebsgeschwätze
   Drohen nicht dem Herrscherthron
Und es lassen uns Gesetze
   Freie Assoziation.

Darum Liebchen, gut in Ehren
   Komm zu deinem Liebsten her,
Kein Gendarm kann dir es wehren
   Und sogar kein Commissär. *)

Laß uns zärtlich sein, wie Tauben,
   Zärtlicher, wie Weib und Mann:
Denn der König muß erlauben
   Was er nicht verhindern kann.

---

*) Anm. des Setzers. Das ist aber auch das Einzige.

Meister Grabaus und Geselle Vorwärts.

Meister: „Nu, du! dös is nit übel; da heißt's, daß der Großherzog bei der Bürgerschaft von Eisenach den Fackel=zug sich verbeten hat, weil der Jubel über die deutsche Einheit jedenfalls noch **verfrüht** sei!"

Geselle: „„Da müß'n sich halt die Eisenacher ihre Fackeln aufheb'n, bis die Einheit **fertig** ist.""

Meister: „Bis dahin thut uns zwei kein Zahn mehr weh!"

――――――

Meister: „Nu, jetzt gedeihen die Preßprozesse recht schön: „Stadtfraubas" — „Volksfreund" — „Nürnberger Anzeiger" — Auf die Art werd'n m'r doch bald in Deutschland Eins!"

Geselle: „„Sie meinen g'wiß, ganz Deutschland geht zuletzt in „Einen Preßprozeß" auf?""

Meister: „Ja wohl, und Wer ihn verliert der bleibt der Gepreßte."

――――――

Geselle: „Sie, was is denn jetz für a Resultat von dem Frankfurter Fürsten=Congreß?"

Meister: „„Ja, bis jetzt eigentlich oder so zu sag'n oder vielmehr — nix!""

Geselle: „So? — So viel hätt'n wir auch ausg'richt, wenn die deutsch'n Schusterg'sell'n an Kongreß g'halt'n hätt'n."

Meister: „„**Ja, wenigstens grad so viel!**""

――――――――――――――――――――――――

Verantwortlicher Redakteur F. X. Weithmann.

Druck der J. Deschler'schen Buchdruckerei.

Münchener Schalk.

(Sonntags-Beilage zum „Volksfreund".)

III. Jahrgang.   *Nr. 39.*   27. Sept. 1863.

Abschied.

Süße Gewohnheit
Der Sklaven-Rücken,
Stets sich zu krümmen,
Tief sich zu bücken.

Götter der Erde,
Lasset euch huldigen,
Von euren Schafen,
Euren geduldigen!

Schön ist die Welt doch,
Die runde, geschaffen:
Menschen zwar wenig,
Um so mehr — Affen! — — —

O scheiden — ja scheiden —
Thut gar nicht weh!

Ein Lied des Traumes.

Auf, Brüder, auf, greift zu den Bajonetten!
　　Hört ihr die Rufe der Trompete nicht?
Nun gilt's, das theure Vaterland zu retten,
　　Nun gilt's den Muth, der seine Fesseln bricht!
Schon flattern hoch die schwarz-roth-gold'nen Fahnen,
　　Die deutsche Farbe glänzt auf jedem Hut,
Der Jüngling schließt sich an den Veteranen,
　　Es pocht im deutschen Herzen Freiheitsblut.

Ob ruhlos sich die Wolke zu Gewittern
　　Am deutschen Firmamente drohend schwärzt,
Die stolze Wodanseiche wird nicht zittern,
　　So lange sie ein deutscher Sänger herzt;
So lang um sie der Freiheit Lüfte wehen,
　　Und edler Sinn im Kriegerbusen glüht,
So lang umglänzen sie des Sieg's Trophäen,
　　Bis einst der letzte Mann zu Felde zieht.

Wir kämpfen für das beste Gut der Lande,
　　Nicht blinde Söldner führen wir den Streit,
Vereint durch einer Sprach' und Seele Bande
　　Ist es der Kampf der Unabhängigkeit.
Wem da nicht mächtig sich der Busen schwellet,
　　Wem nicht die glatte Bahn des Tags entrückt,
Wem nicht der Freiheit Licht sein Inn'res hellet,
　　Der sei vom Racheblitz der Welt umzückt!

Fluch Dem, der noch am üppigen Gelage
　　Sich wohllustathmend auf dem Sopha streckt,
Indeß an Deutschlands schönstem Frühlingstage
　　Der Ruf der Freiheit seine Kinder weckt.
Gift sei sein Trank und Staub sei sein Gefresse,
　　Worauf Medea ihre Tropfen gießt,
Bis einst im Arm der buhlenden Maitresse
　　Der Lotterbub sein schnödes Leben schließt.

Fluch Dem, der aus gewohnter Zahmheit Brüsten
    Die faule Kindermilch der Feigheit trinkt,
Indeß die Freiheit jubelnd an den Küsten
    Nach uns mit blutgetränkter Flagge winkt.
Wir wollen willig unser Blut verspritzen,
    Ist die Gefahr dem Vaterlande nah;
Um unser Aller Mutter zu beschützen,
    Die hehre, mächtige Germania.

Fluch Dem, den noch des Mädchens Fesseln binden,
    Der winselnd sich an ihre Füße hängt,
Indeß nach uns mit tausend Feuerschlünden
    Der blasse Tod die raschen Schritte lenkt!
Was könnte wohl den Feigling je beschönen?
    Der wahren Liebe ist er nimmer werth;
Das deutsche Mädchen wird den Jüngling krönen,
    Wenn er im Siegeskranze heimwärts kehrt.

Fluch dem, der noch am finstern Wege wandelt
    Mit seiner Blendlaterne der Partei,
Indessen sich's um Deutschlands Einheit handelt,
    Um's heit're Licht der Menschheit — rein und frei.
Wollt ihr den freien Geist in Fesseln schlagen?
    Die Zeit ist aus, — das Blatt hat sich gekehrt,
Nun mögt ihr selbst die schweren Fesseln tragen,
    Die ihr als höchste Wohlthat uns gelehrt.

Auf, Vaterland! nun grünet Deine Oede,
    Im Frühlingslichte Deine Eiche glüht,
Gewahrst Du nicht die junge Morgenröthe,
    Die unser deutsches Firmament umzieht?
Schon flattern hoch die schwarz-roth-goldnen Fahnen,
    Und die Kokarde schmücket jeden Hut,
Der Jüngling schließt sich an den Veteranen,
    Es wogt im deutschen Herzen Freiheitsblut.

Ein Freudenschuß. — Da mußte ich erwachen. —

Der Hausherr kam und sprach zu mir — zum Trost:
„Wär' g'scheidter g'west, Sie hätten können machen,

Daß 's Winterbier nicht auch sechs Kreuzer kost'.
Jetzt können's wieder auf die Festung gehen,

Für Einheit, Wahrheit, Freiheit und so fort,
Für sowas müss'ns And're ausersehen, —

Denn hier, — dös seh'ns — is nit der rechte Ort."

Grundrechte.

Ganz gut war der Regierung T h a t,

Das Volk nur heißt sie g r u n d s c h l e c h t;
Wo man so viele R e c h t s g r ü n d' hat,

Was braucht man denn da G r u n d r e c h t?

Gespräche.

A. Als Gustav Diezel von den Geschworenen in Augsburg wegen Preßvergehen schuldig gesprochen war, äußerte er
auf die Frage des Präsidenten, ob er noch etwas einzuwenden
habe, nur:

„Nichts als: die Wahrheit steht höher, als ein Spruch."
Meinen Sie nicht, der Redakteur des Volksfreundes — —

B. Um Himmelswillen sind Sie still, es kommt noch so
weit, daß Jeder schuldig wird, weil er nicht ein **Gimpel** ist.

Herr: Ich will nur sehen, wie es noch mit den Polen geht.

Dame: Meinen Sie den Nordpol oder den Südpol?

Meister Gradaus und Geselle Vorwärts.

Geselle: „Sie Meister! was is denn jetz mit der Auf=
hebung der Brodtax?"

Meister: „„Da wird nichts d'raus; denn a ehrlicher Bäcker
will's selber nit.""

Geselle: „Und mit der Aufhebung der Biertax?"

Meister: „„Da wird's auch nichts; denn kein ehrlich'n
Bräuer —""

Geselle: „Nu? —"

Meister: „„Nu weiter!""

Geselle: „Nu also, was is mit der Aufhebung der Fleischtax?"

Meister: „„Dös braucht's scho gar nit, so lang 's Vieh
so im Preis steht!""

Morgengebet	**Abendgebet**
eines	eines
Hofmanns.	**Volksmanns.**
Allmächtiger Gott! ich fleh' zu Dir,	Allmächt'ger Gott, ich fleh' zu Dir,
O schenk' Dein gnädig Auge mir,	O wär ein Grabstein Quittung mir,
Daß Du in Deiner Vorsicht waltest	O sagte Deiner Vorsicht Walten:
Und unf're Großen all er= haltest.	„Du hättest sie bereits erhalten."

That und Schrift.

„Staatsrechtliche Nothwendigkeit," — ist oft schon da
gewesen,
„Nothwendige Staatsrechtlichkeit," — die kenn' ich blos
vom -- Lesen.

●●●●● ———

Amnestie.

(Politisches Liebeslied.)

„Mit der Buhlerei im Bunde
    Faßte Untreu' Deinen Sinn;
Eine böse schwarze Stunde,
    Riß Dich zum Verderben hin.

Ha! nun ist Dein Netz zerrissen,
    Das Du mir so emsig spannst,
Schuld, — ist nun Dein Ruhekissen
    Strafe, — ist, was Du gewannst."

„„Lasse Gnade mir ergehen,
    Sieh die Wahrheit ist so klar,
Ach ich hab ja blos gesehen,
    Wie die Freundin untreu war.

Untreu, weil ihr Herzensgatte
    Gar nichts hielt, was er versprach,
Bis zuletzt der Bund der matte
    Durch die eig'ne Schwäche brach.""

„Warum hast Du's nicht errathen?"
    „„Dieses Wort! — so bös geführt,
Ein brav Mädchen scheut die Thaten,
    Wenn es zur Verräth'rin wird.""

„Das Verbrechen liegt im Truge,
  Doch die Gnade fehle nie,
Folgend meines Herzens Zuge,
  Schenk ich Dir nun Amneſtie.

— ❦ —

Spinne — Biene — Mücken.

Auch eine Fabel, die den Gimpeln nicht entſprechen kann.

Motto:
Man ſei ſo dumm, als man nur kann,
Man trifft noch immer Dümm're an.
Auch ein **Wahrſpruch**.

Es tanzt ein Schwärmlein Mücken
  Vergänglich um ein Blatt,
Auf dem g'rad eine Biene
  Vom Flug geraſtet hat.

Nah aber dieſen hatte,
  Wie keine Künſtlerhand,
Sich eine fette Spinne
  Ihr Fangnetz ausgeſpannt.

Die Biene hat gelaſſen
  Von ihrem Honigſaft:
Die Mücken lekten Vieles
  Und hatten wenig Kraft.

Sie taumeln hin und wieder
  Und ſpotten der Gefahr
Bis bald ein artig Sümmchen
  Im Netz gefangen war.

Nun will das Reſtlein retten
  Und ſummt und macht ſich groß; —

Zersplittert sind die Kräfte,
  Gemeinsam nun das Loos.

Die Spinne freut das Zappeln,
  Wählt langsam ihren Schmaus,
Saugt Einer nach der Andern
  Das Blut des Lebens aus.

Nutzanwendung.

Aus dieser Fabel könnte leicht erhellen,
  Die Biene sei: Die Revolution,
Die Mücken sind: Die Constitutionellen,
  Die feiste Spinne ist: Die Reaction.

Mißverständniß.

Bürger: „Der herrliche Flachs! — Kaum trau' ich meinem
                                     Blicke,
    Das gäb' ein Mal für unf're Großen — Stricke! —

Polizeispitzhund: „„Sie sind mein Arrestant gleich hier
                                     am Orte.

Bürger: „Ich? ei warum?

Pol: „„— — — — — — — Ich hörte Sie die Worte
    „Das gäbe Strick' für unf're Großen", sagen.

Bürger: „Nun ja, zum Fahr'n an ihre Gallawagen.*)

---

*) Anmerk. des Setzers: Ich glaub' nicht, daß ein guter Bürger auch
    nur etwas Anderes denken, vielweniger sagen könnte, warum
    also Polizeieinschreiten?

Verantwortlicher Redakteur F. X. Weithmann.
Druck der J. Deschler'schen Buchdruckerei.